U0574643

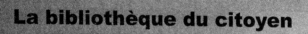

La bibliothèque du citoyen

·公民丛书·

许铁兵/主编

· 公民丛书 ·

法律武器的运用

L'ARME DU DROIT

〔法〕利奥拉·伊斯雷尔/著

（Liora Israël）

钟震宇/译

社会科学文献出版社
SOCIAL SCIENCES ACADEMIC PRESS (CHINA)

公民丛书第二辑序言

在社会科学文献出版社的大力支持下，《公民丛书》的第二辑终于问世。

本辑丛书包括七个专题，涵盖了社会与文化领域的多个热门议题。

在本辑丛书选题上，编者把巴黎政治学院近年来推出的"新辩论"（Nouveaux debats）和"质疑"（Contester）系列也纳入进来，取材视角更为宽广，当然，重点仍然放在全球化背景下的全球治理。与上一辑选题相比，本辑选题更加着眼于带有跨境特征的文化和社会问题。

二十一世纪的头十多年，世界格局正经历着根本性的结构变化，重心转移和态势演变正在加速。一方面，西方发展模式一家独大已经渐成明日黄花，新型国家崛起的道路也绝非平坦，南方国家的分化同样引人注目，搭车者、过坎者、挣扎者乃至失败者表现得复杂多样且波动起伏；另一方面，全球范围内的各类问题则表现为同步性和瞬时性、更大的互动性和更难以处理的交织性；政治国别边界的可渗透性急剧增大，也就是更加脆弱化；非国家行为体——这不仅是政党社团和非政府组织，还包括富可敌国的跨国企业、应运而生的跨国社会运动、流派众多的宗教势力、国际媒体和专业团体——的行为举止越来越具有自发性和自主性，分别以各自的方式参与并影响着世界进程。这就意味着全球治理除了不言而喻的必要性之外，不仅是以国家行为体为主的各类相关制度之设计安排，而且更需要每个个体和群体作为全球社会的成员，特别是作为世界公民的意识感和责任观。本辑丛书的宗旨，在于帮助读者形成对世界事务的深刻认识和准确理解，从而为参与全球治理做出自身的贡献。

主编　许铁兵
2014 年 12 月

目 录

引　言　　*001*

第一章　法律与抗争：一对矛盾关系　　*001*

　　法律能制止抗争吗？　　*003*

　　用法律去抗争是天方夜谭吗？　　*007*

　　法律，反作用于当局的一种斗争形式　　*012*

　　社科新视角：法律作为一种动员形式　　*015*

第二章　律师：自由的捍卫者？　　*021*

　　民主游戏中的法律从业者　　*024*

　　"律师共和国"：法国史上的一页　　*027*

　　政治律师　　*031*

　　相对地看待律师的政治参与　　*036*

第三章　司法界如同角逐场：一种颠覆性传统　　*043*

　　从反殖民斗争到决裂辩护的理论化　　*047*

1968 年五月风暴对法国法律界的影响　　052

司法工会的创立　　056

其他法律替代斗争实践的发展　　058

对司法界的政治参与用统一的分析框架？　　062

第四章　法律：一项超越历史时期和超越国界的权力？　　069

法律的正当性　　072

用法律去抗争：会使不公正政权正当化吗？　　076

法律与政治转型：以二战为转折点　　081

法律：一种溯及既往的政治武器？　　086

国际刑事法律：一种威慑性武器？　　089

结论　法律规范大发展，法律斗争大爆发　　097

标准的破裂与斗争的分化？　　099

参考书目　　108

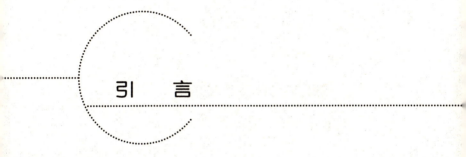

引　言

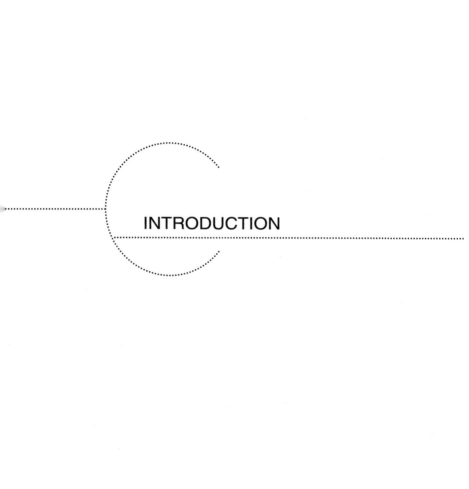

INTRODUCTION

血液污染事件引发诉讼，法国全国工商就业联合会（Unedic）被"应重新计算失业保险金者（recalculés）"告上法庭，无合法身份者在其劳动场所举行罢工，皮诺切特在伦敦被调查时智利发生示威活动……上述事件无不表明：法律（更确切地说是司法）已经成了当代社会各种抗争手段之一。在维护和行使"各项"权利方面，法律可说服舆论并调动各种机制参与到捍卫某项事业的行动中；面对追诉、逮捕和诉讼等惩治措施时，人们可依法通过求助律师、与司法官对质、启动司法诉讼程序加以抵抗。故此，法律既可以是为享受各项权利而进行斗争时所使用的进攻性武器，也可以是由于受到法律追诉或指控而被迫应对时所使用的防御性武器。由此可见，法律是那些与一种情况、一个国家、各方对手进行抗争的人士自主选择或被迫使用的一种工具。大部分更加传统的抗争方式本身就受到法律的制约：比如现代民主国家的法律就规定了对从示威游行到罢工等公众表达不满的形式的司法许可方式。

　　法律成为抗争手段的过程并非一蹴而就。初看上去，法律与抗争似乎完全背道而驰，因为法律是"由全社会制定和认可的、本社会成员必须遵守的各种行为规范"①的总和。除强制性外，法律的社会制定性也使法律具有了皮埃尔·布迪厄（Pierre Bourdieu）所说的"法律力量"②，这种力量也是确保社会不平等再生产的各种力量之一。如果说法律只是统治权的载体，那么如何理解法律也可以作为一种抗争手段呢？这是不是一种幻觉呢？要想否定这种反诘，我们就需要明确法律的政治参与的各种形式。人们通过对法国史和世界史的研究来探讨社会之"司法化"或"法律化"③的发展有何新颖性和现实性。

在对当代抗争方式进行分析时对法律、法律工具、法律制度、法律专业人士和非法律专业人士加以统筹考虑的做法抓住了法律复杂性和法律用途多样性的特点。尽管诉讼是最常见的法律活动形式，但它并不是政治斗争的唯一法律表现形式，因为有时单单威胁动用法律武器就有可能向对手产生效应。因此，研究法律抗争用途的多样性时，有必要对不同时期、不同国家的法律制度进行比较，以便发现它们不同的和相同的规律。对具体案例和历史案例进行研究也有助于我们厘清相关社会主体及其行动理由，更好地把握他们的法律经历以及他们对法律的期待、理解和他们的法律策略。在本书中，我们将把法律作为

---

① Gérard Cornu, Association Henri Capitant, *Vocabulaire juridique*, Paris, PUF, 2005, cité dans Rafael Encinas de Munagorri, *Introduction générale au droit*, Paris, Flammarion, coll. "Champs Université", 2006.

② Pierre Bourdieu, "La force du droit. Éléments pour une sociologie du champ juridique", *Actes de la recherche en sciences sociales*, 64, septembre 1986.

③ Jacques Commaille et Laurence Dumoulin, "Heurts et malheurs de la légalité dans les sociétés contemporaines. Une sociologie politique de la 'judiciarisation'", *L'année sociologique*, 59 (1), 2009.

政治武器使用这一论断置于与法律相关的社会学层面加以更广泛的思考。在这方面，北美已经进行了诸多研究，这些研究往往源自历次法律与社会（Law and Society）运动。尽管法律社会学关注的重点目前在法国尚不为众人所知，但是其研究的必要性是显而易见的，因为随着"法律现实主义"的不断发展，40年来一个完整的、经验的和理论的研究领域业已形成，其研究内容就是运用各种社会科学对法律和司法加以分析，并且特别以法律与政治的关系为分析重点。

专栏1：从法律现实主义到法律与社会运动：从社会科学角度看法律

法律与社会协会创立于1965年，其年会和刊物《法律与社会评论》（*Law and Society Review*）已经成为汇聚众多关于法律的社会科学研究成果的主要阵地。[①]

这一跨学科研究运动继承了北美法律现实主义的传统，其发起人是社会学法学（sociological jurisprudence）之父罗斯科·庞德（Roscoe Pound）。法律现实主义提倡借助各门社会科学的方法去认识法律。在实用主义和经验主义社会学的推动下，这一运动通过向罗斯福政府提供实施国家改良主义的工具而在罗斯福新政（New Deal）[②]时期获得了发展。在20世纪60年代法律与社会运动的初期，通过法律进行改革的信念占据主导地位，美国联邦最高法

---

① Austin Sarat (ed.), *Blackwell Companion on Law and Society*, Cambridge, Blackwell, 2004.

② Ronen Shamir, *Managing Legal Uncertainty: Elite Lawyers in the New Deal*, Durham (N. C.), Duke University Press, 2005.

院的多项判决（主要是民权领域的判决）似乎证明了司法的自我改良能力。在罗素·塞奇（Russell Sage）等基金会的支持下，法律与社会教学课程得以在加州大学伯克利分校、威斯康星大学麦迪逊分校、美国西北大学和丹佛大学设立。但是，这种通过法律实现改革的雄心后来被一些新的研究成果泼了冷水。从 20 世纪 80 年代初期开始举办的法律思想和法律过程阿姆赫斯特研讨会聚集了与法律界距离很远的西尔贝（Susan S. Silbey）、哈灵顿（Christine B. Harrington）和萨拉特（Austin D. Sarat）等学者。他们是重新解读葛兰西（Gramsci）、福柯和布迪厄等人文与社会学家运动中的干将。他们的口号——研究行动中的法律而不是书本上的法律（Law in action vs. law in books）——使法律与社会运动成为法律现实主义的继承者，改良主义幻想明显更少出现了。同时，该运动比另一个跨学科运动——法律与经济运动——所吸引的人群要少得多。

由于法律语言和司法斗争被用于各种抗争活动，法律也被视为社会监管中一种有争议的工具。法律所呈现的监管与惩治、管理秩序要求与拒绝强加秩序这种对立的二元性是将法律根据在各种研究方法和具体案例中作为政治武器、攻防武器、威慑武器或虚张声势的武器加以研究时要考虑的核心问题。

因此，有必要首先解释一下为什么法律被视为维护现有秩序的手段而不是有可能催生抗争的根源。作为国家行动的最重要载体，法律和司法更倾向于复制甚至强化现状。这种非黑即白的判断忽视了法律的政治力量所具有的本性：这种力量是有可能产生反作用的。理查德·埃贝尔（Richard Abel）提出用法律作盾牌，盾牌恰当地比喻了法律在政治抗争中的防御作用。这一观点也催生了关于法律与集体行动之间有何关系的新认识。

这就是为什么我们接下来要重申一下法律旨在保护市民社会免受国家侵害这一政治观点，这并非是一个新的观点，它源自经典自由主义思想（特别是以托克维尔为代表）。很多社会学和历史学研究都集中研究法律从业者（juristes）在政治从业者中所处位置的问题，同时关注律师与反对专制制度之间的关联性。但是，这些研究都忘记了这一事实：介入抗争的律师或法律从业者永远都是少数，这使得他们难以明确界定这种参与范畴，而这种范畴远非表面上那样明显。

不过，这一观察令我们能够更加具体地研究法律从业者的参与行为，尤其是他们安排从事自己职业活动的方式。这就要明确法律专业人士行事的限制与机会，无论他们参与的是进步事业还是反动事业，是少数主张还是多数民众诉求。从反殖民斗争到当代历次重大动员中均有一些具体案例有助于我们认识法律专业人士借助司法机构或面对司法机构所采取的具体斗争方式。事业律师（cause lawyering）运动大大深化了对法律武器所具有的政治意义之理解。

强调法律武器的政治意义也是强调法律的正当性。马克斯·韦伯已经提出了法律的这一基本特点，他强调，合法性在先进工业社会中往往是政治正当性的同义词。在先进工业社会中，除法律外的其他社会基础（比如道德和宗教）失去了必要性，这就赋予了法之为法的真正效力。但是，20世纪的历史对这一命题提出了质疑：现代法律框架的存在并未阻止那些空前罪行的发生，甚至为其实施提供了基础。第二次世界大战的历史洗礼激起了世人对法律与政治的关系、对重建道德和法律秩序必要性进行新的思考。从实践角度看，对这些基本要素的探索表现为诸多法律创新，特别是在确立人权与保护人权等方面的创新。对上述法律演变过程的研究使我们看到在历史与记忆之间、在国家与国际之间、在承认与和解之间存在诸多紧张关系。因此，如何在当代各种冲突中将法律作为弥合工具和威慑武器来运用的问题就提上了日程。

第一章

法律与抗争：一对矛盾关系

法律往往被视为由权力掌握并为其服务的一个政治武器。因此，以法律为武器进行斗争似乎注定要失败或者干脆就是天方夜谭。但是，法律会产生某种形式的反作用也是其特点之一。而从社会科学的视角出发，可以通过分析法律在各种动员中的具体使用情况来对法律在抗争中的政治意义得出更加细致有别的观察结果。

法律能制止抗争吗？

　　初看上去，从当局角度看，法律首先要压制抗争或将其纳轨。从法律的定义上看，法令应该具有确定范围、实施监管、做出规定和进行处罚的作用。相关政治行为也被广泛置于各种法律法规的规范之下，正是这些法律法规逐步确定了民主表达的做法、程序与方式：比如正式选举活动的时间节点、每名候选人在媒体上发言时间的计算方式、竞选资金来源等问题。反之，一些被视为不属于正当政治表达范畴的做法则会受到指责或处罚。某些社会行动和立场表达会被当局视为煽动对抗、诽谤性言论或破坏公共秩序。在历史上的某些时期，公权机关在认为某些组织或运动特别危险时会采取一些特定的法律措施。比如 19 世纪末针对反无政府主义的各种所谓"恶人恶治"（scélérates）法、1968 年 6 月 12 日解散在五月风暴中积极活动的组织之法令等都是这方面的经典案例。在其他情况下，当局也会求助业已存在的法律来阻止或惩戒某些参与行为，政治抗争会被视为犯罪行为并受到各级法院根据相关罪名的追诉。这种做法在阿尔及利亚战争初期曾被用来对付阿尔及利亚民族主义者，其目的是通过将其行为定为公法上的重罪或轻罪行为来否定其行为的政治性。但是，由于担心对重罪法庭陪审团的监督不力等原因，陪审团的权限后来被移交给了军事机构。[1] 如今，某些社会运动"入罪"以及对其采取的刑事处罚措施经常会受到诟病。最近几次针对向无合法身份者提供救助者的诉讼，2008 年 11 月的"住房权运动"针对住房条件恶劣家庭的权益而在巴黎银行街设立帐篷营地进行抗议活动就因"阻塞公共道路"被依据住房法课以 12000 欧元罚金。[2] 这两个事例均表明了在对付社会运动时法律和司法的动员程度。

一些被当局所容忍的政治抗争做法往往要服从于限定其活动范围的法律。法国法律承认罢工权利，但相应法规就要求某些行业（特别是公职部门，至少是那些拥有罢工权的工作人员）在举行罢工前必须要提交罢工预先通知（宪兵和军人没有罢工权）。同时，游行示威权也远非一项绝对权利：游行示威组织

---

① Sylvie Thénault, *Une drôle de justice. Les magistrats dans la guerre d'Algérie*, Paris, La Découverte, coll. "L'espace de l'histoire", 2001.

② 2009 年 5 月 28 日巴黎上诉法院撤销了原判，并宣布免予起诉。

者需要与公权机关谈判游行示威队伍的行进路线。由此可见，法律是一个确定各种抗争形式并且对不遵守法定抗争范畴之行为加以惩治的力量。

因此，司法机构和立法机构都是对政务事项进行法律定义的参与者。相应地，那些被视为合法的抗争形式间接地承认了国家作用的地位。借助法律进行抗争是一个自相矛盾的双重确肯：对权力当局的质疑和对其承认。如果法律是一种资源的话，那么它只是一种受限资源：法律要受到其自身规范性的限制。之所以我们还说它是资源，是因为它在确立政治行为的正当性方面占据着核心位置。

尽管法律规范着政治抗争并在事实上对政治抗争加以限制，但是法律也认可在社会中存在的各种力量对比。对法律在实施时所处的实际条件的研究结果显示，在法律原则之上，法律在具体实施时远非不偏不倚。

多项调查向我们揭示了涉案人员所遭遇的各种不平等。司法机关往往被视为带有社会偏向性，而这种社会偏向性的受害者往往就是那些弱势群体。因此，监狱也被视为对被流放、被边缘化和被隔离在某一区域内的人群进行社会管理的方式。[1]在法国我们还可以看到某些针对少数族裔的选择性刑罚的存在。最近一次对司法卷宗的调查显示，在法国，获判徒刑的人口分布与其所属的少数族裔是有关联的。[2]尽管这种选择性刑罚更少地使人联想到法官的歧视，而更多地使人联想到警方对犯罪

---

[1] Loïc Wacquant, *Les Prisons de la misère*, Paris, Raison d'agir, 1999.

[2] Fabien Jobard et Sophie Névanen, "La couleur du jugement. Discrimination dans les décisions judiciaires en matière d'infraction à agents de la force publique (1965–2005)", *Revue française de sociologie*, 48 (2), 2007.

嫌疑人的区别对待，但是其结果往往是"黑人"和"马格里布人"（指来自北非的移民和其后裔）在被判处徒刑的人中所占比例高于平均水平。[1] 这种司法面前的不平等在惩治措施日益严厉（打击"逍遥法外感"、"零容忍"、处罚累犯的新法律法规的施行）的背景下依然运行着，它的另一个特色是司法管教所（maison de justice，介乎于临时拘留和判刑入狱之间的一种司法处罚场所——译者注）[2] 的设立，这些机构就像实时办理制度 [3] 一样发展起来，成为为提高办案效率在机构组织方面所进行的重要创新。这种往往被其批评者描述为"打折办理"的现代化和合理化的司法也是一种以惩治民众阶级为核心的针对"穷人的司法"。因为与专业法庭的出庭控辩形式相比（比如金融犯罪法庭，出庭专业人士多，各项设施也更齐全），这一新司法形式的保障力度有所削弱（尤其是在辩护权保障方面）。此外，这种惩治式司法形式也与监狱系统保持着联系，可在后者中执行临时关押和徒刑。

如果说司法体系在政治上非中立，在社会上非公平，那么似乎人们就有理由对利用司法体系去质疑既有秩序、为个人和集体匡扶正义、维护被有权人或有钱人所否定的各项权利不抱任何希望了。法律与司法也确实往往因为它们助长了社会不公

---

① 研究人员根据姓名和出生地两个标准来研判研究对象的族群归属，这些研究人员自己也强调说明了这种归类方式的约略性，因为法国没有所谓"族群"这一统计口径。

② Isabelle Coutant, *Délit de jeunesse. La justice face aux quartiers*, Paris, La Découverte, 2005.

③ 从大约 15 年前就设立了的实时办理制度建立在警方和相关法庭的检察院之间直接协调的基础上，案件的司法处理从违法犯罪行为东窗事发之时就开始了。Benoît Bastard et Christian Mouhanna, *Une justice dans l'urgence. Le traitement en temps réel des affaires pénales*, Paris, PUF, 2007。

正的蔓延与恶化而受到抨击。上述种种原因都使运用法律作为抗争武器更像是天方夜谭。

用法律去抗争是天方夜谭吗？

在马克思主义传统中，法律无疑是站在社会的统治者一边。1980 年学者拉斯库姆（Lascoumes）和赞德（Zander）[①] 译介了马克思在 1842 年写作的关于偷盗木材的几篇著名文章，这些文章显示，年轻时的马克思将保护个人利益（当时指的是大地主的个人利益）视为以保护整体利益为幌子的法律变迁的深层动机。后来，在他和恩格斯共同撰写的文章中，法律被纳入国家理论范畴，比如法律帮助掩盖权力的阶级本质，帮助权力阶级建立表面上中立的意识形态。这种对法律的批判性分析在总体上被现代和前现代工运史所证实。从马克思主义历史学家爱德华·帕尔默·汤普森（Edward Palmer Thompson）的史学观[②] 到阿兰·科特罗（Alain Cottereau）[③] 关于解决劳动争议的研究，法律在社会关系中支配地位的发展已经被作为某种不平等权力关系的不断形式化来加以研究了。

上述诠释与坚持认为在工业化引起经济扩张的同时必须建立现代法律体系——特别是在劳动领域——才能实现社会进步的理想主义观点背道而驰。但是，正如马克斯·韦伯所言，步

[①] Pierre Lascoumes et Hatwig Zander, *Marx, du "vol de bois" à la critique du droit*, Paris, PUF, 1984.

[②] Edward Palmer Thompson, *La Formation de la classe ouvrière anglaise*, Paris, Gallimard-Seuil, 1988 [1ʳᵉ éd. 1963].

[③] Alain Cottereau, "Droit et bon droit. Un droit ouvrier instauré puis évincé par le droit du travail" (France, XIXᵉ siècle), *Annales HSC*, 6, 2002.

入 20 世纪之后，贸易安全在资本主义经济发展中占据着核心地位，这导致了法律的某种"物质化"，即以各种物质问题为导向、适应经济领域各项需求的法律的发展。在此种观念中，法律的"物质化"有利于资本主义经济增长，从属于经济利益，但损害了法律的自主发展。大部分社会科学研究都着力强调法律以及法律体系对保护强势利益——尤其是在经济领域中——的促进作用。最近关于"创作与互联网"法（即 Hadopi 法）的讨论使人看到了音像公司和音像著作权所有者受到了多大的眷顾，而新的文化消费方式却并未得到同等重视。

从历史角度看，法律到底是不是社会变革的发动机仍无定论。工会界对此也持摇摆不定、不甚鲜明的立场。在不同时代，工会有时要求进行强化权利保护的立法改革，有时又对法律、司法制度和权力秩序进行批判。法国各大工会均具有上述两面性的表现，尽管它们在很长一段时间内都把法律视为阻挠工会运动的国家意志产物。

劳动巡视员们也对法律的作用持同样的保留意见，就像法国总工会（CGT）直到 20 世纪 30 年代前所持立场所证明的那样。[1] 这一批评性立场出现于 1906 年的《亚眠宪章》[2] 中，并且成为一个后来频频出现的口号，但是在随后的社会斗争中它又逐渐地衰弱了。这一立场显示了他们更愿意长久地维持围绕着诸如罢工等传统抗议形式的力量对比，而不是切实获得法律

---

[1] Jérôme Pélisse, "Les usages syndicaux du droit et de la justice" dans Jacques Commaille et Martine Kaluszynski (dir.), *La Fonction politique de la justice*, Paris, La Découverte, 2007.

[2] 在第九届法国工会总联盟大会上通过了被视为现代革命工会运动奠基性文件的《亚眠宪章》。《亚眠宪章》强调工会独立于党派的独立性和劳动者进行斗争的正当性。

上的最终同意或承认。正如洛朗·威尔麦茨（Laurent Willemez）所言，工会动用法律的做法在整个 20 世纪都并非顺理成章的选择，反之，工会与法律在这一时期的关系是"混乱的并且经历了多次决裂"。①

专栏 2. 法庭中强势地位的结构研究

马克·戈兰特（Marc Galanter）在其被广泛评论② 的著名文章《为什么"强势者"优先：关于法律变革限度的几点思考》（Why the "Haves" Come Out Ahead: Speculations on the Limits of Legal Change）③ 中说，指望法庭做出减少社会不平等的决定是徒劳的。

因为，诉讼各方之间的不平等（特别是在"强势者"和"非强势者"之间的权力不平等）左右着司法体系的运行。司法体系趋向于更多地保护法院的常客（repeat players 或 RP），因为这些常客对法律掌握得更好，但是他们不一定都是强势者（一名累犯也是法院的常客！），这对偶尔打官司或初次打官司的人（one-shotters 或 OS，也就是法院偶客的意思）而言就很不利了。

然而，强势者和机构参与者（保险公司、大型企业还有代表社会的检察官）在常客中占据了多数，而个人（从离婚诉讼中的女方到轻罪被告人）大多是偶尔或初次打官

① Laurent Willemez, "Quand les syndicalistes se saisissent du droit. Inventions et réinventions d'un rôle", *Sociétés contemporaines*, 52, 2003.

② Marc Galanter, "Why the 'Haves' Come Out Ahead: Speculations on the Limits of Legal Change", *Law and Society Review*, 9 (1), 1974, p. 95–160.

③ Herbert M. Kritzer et Susan S. Silbey (eds), *Do the "Haves" Still Come Out Ahead ?*, Stanford (Calif.), Stanford University Press, 2003.

司。每件诉讼都可以反映双方之间的关系状况，双方来自不同社会类别，有时双方打官司的频率都比别的人高（比如在离婚诉讼中双方可能都是偶客，但是在保险理赔案中可能就是常客对偶客的局面）。这些结构上的不同地位也受到其他变量的影响，比如有无律师帮助以及律师对当事人的尽职程度（有利于常打官司的人），比如法律体系的被动性和司法体系在案件积压时对熟悉法律体系的当事方更有利的特点。强势方在司法界年深日久的资历有时也会促使司法向有利于强势方的方向发展，因为它们（机构主体、大型企业等）会施加影响使法律规则本身发生变化。

尽管非强势方在法律变迁中所发挥的影响力很小，尽管司法制度改革的结果仍具不确定性，但是司法制度改革还是可以减少该制度的不平等性的。笔者认为，最好的办法就是由那些在"偶尔打官司"的人中占过高比例的"非强势者"组成各种承载各项诉求的利益集团。一些集体诉讼（class actions）也可能会成为撬动公益立法（public interest law）的杠杆，从而有可能使司法制度减少不平等性并且更加有利于社会变革。

在学界，认为求助法律具有幻想性为主线的批判运动一度达到高潮。法国的批判法律运动（Critique du droit）、美国的批判法律研究（Critical Legal Studies）在 20 世纪 70~80 年代之交都使"法律秩序是政治或社会统治及其再生产的帮凶"这一话题重新热络起来。上述以理论为主的各种运动除了相似的历史分期外，还都采用了围绕批判法律的传递机制、社会和政治偏向性、中立性缺失展开的法律批判的内在方法，但也有一些来自学术界和实务界的法律从业者提出过一些反对意见。在这一视角下，用法律去抗争只能是一个可能会导致用新方式——比如旨在保护女性和外来移民——动员法律①的各种理论与社会运动实践相割裂的幻想之举。

　　动用法律去抗争确实可能显得像天方夜谭一样，甚至可能会引起适得其反的效果。杰拉德·罗森博格（Gérald Rosenberg）在他那部发人深省的著作②中证明了从20世纪50年代到70年代末在美国最高法院获得的诸如在学校中废除种族隔离制度和堕胎立法等与民权法律有关的司法胜利有可能被认为只是些假象。他强调，这些"胜利"对构筑希望的鼓舞作用会迅速减弱，因为自以为其事业已经取得成功的积极活动者会逐渐丧失斗志，而那些法律判决实际上并未得到具体落实，甚至还会因为反对者的抗议活动而产生回潮。罗森博格以此逻辑得出结论：用法律和司法手段去斗争有可能会产生适得其反的效果。尽管他所研究的案例几乎完全聚焦于美国最高法院的判决，尽管他在出人意料地否定当代法律史上最著名的几个判决时有意表现出挑衅性，但是罗森博格研究的成绩就在于他能够促使人思考什么才是真正的司法"胜利"的复杂性，从而为就此争议主题展开真正的大讨论打开了大门。

　　沿着上述思路，迈克尔·麦凯恩（Michael McCann）通过

---

① Liora Israël, "Un droit de gauche ? Rénovation des pratiques professionnelles et nouvelles formes de militantisme des juristes engagés dans les années 1970", *Société contemporaines*, 73, 2009.

② Gerald Rosenberg, *The Hollow Hope: Can Courts Bring about Social Change ?*, Chicago (Ill.), The University of Chicago Press, 1991.

对罗森博格的著作进行批判[1]提出应该扩大研究范围，而不应仅将各国最高法院视为具有政治性的主体。他同时还要求深入研究如何确定运用法律进行斗争的政治效果。罗森博格还研究了司法决定及其效果，麦凯恩则主张研究案件的建构过程和围绕这些案件开展的各项运动以便研究法律动员的其他效果。例如，他强调，使用法律工具的经历可能会使一些以前对自己权利不甚敏感的人开始意识到其权利。这是麦凯恩通过对美国男女同工同酬斗争进行的调查所揭示的，他发现在一定数量的案件中，被动员起来的妇女们最终组成了工会。[2]因此，对运用法律进行斗争的政治效果进行分析使人们走出将赢家和输家对立起来的两极化思路去探讨更加精细化的效果评价方式。

法律方面的各种对立和矛盾可以成为抗争的支撑点。围绕法律的角力也证明法律处在权力行使的核心位置，因此，法律是一种不容忽视的政治资源。

法律，反作用于当局的一种斗争形式

在某些情形下，法律能够对抗权力。这是理查德·埃贝尔[3]在回顾了大量国际历史事件后得出的结论。他的研究视角更加有针对性地指向作为当代社会中主要法律渊源的国家权力，

---

[1] Michael W. McCann, "Reform Litigation on Trial", dans "Symposium: The Supreme Court and Social Change", *Law & Social Inquiry*, 17, 1992.

[2] Michael W. McCann, *Rights at Work, Pay Equity Reform and the Politics of Legal Mobilization*, Chicago (Ill.), The University of Chicago Press, 1994.

[3] Richard Abel, "Speaking Law to Power. Occasions for Cause Lawyering", dans Austin Sarat et Stuart Scheingold (eds), *Cause Lawyering: Political Commitments and Professional Responsibilities*, Oxford, Oxford University Press, 1998.

国家权力也是使法律与政治自由主义的悖论能够更加清晰显现的一个研究层次。与法律力量的单义性相比，他更加关注这种单义性在什么情形下会被颠覆。他提出对关于法律与政治的关系的各种文献进行重新解读，在重新解读时要超越对单一司法机构和仅对北美案例进行研究的做法。通过这种重新解读，人们可以看到一些律师在不同的层次上抓住机会，通过法律来与当局对抗，用当局自己的语言与之进行对抗。因为行政权力机关的本性就是以法律的名义行事，行政法（或与其相当的其他国内法）是检验国家行为是否合法和指出哪些国家行为不符合法规的工具。在刑法方面，检察院和警方均既是权力执行者又是法律的守护者，它们所呈现出的两重性在某次逮捕行动后可能被用来批评三权没有真正分立，在某次定罪后可能被用来批评这一定罪具有政治色彩。法官所拥有的自由裁量权和他们在形式上对权力当局的独立性是各种社会运动可以借力的杠杆。

　　埃贝尔阐述了什么样的时机、情况和环境，对使用法律来对付权力有利。无论针对立法机关还是行政机关，无论是在竞选场所内还是在司法斗争的舞台上，使用法律武器来对抗当局都既是一种策略又是一种出于安全的考虑和发起挑战的首选方式。他还就此写道："抗议者有时会刻意以挑衅的方式刺激政府采取行动①，以便用法律保护自己并利用法庭作为表述平台：比如争取妇女参政普选权的英国妇女，（在两次世界大战、越战以及南非的征兵过程中都出现过的）拒服兵役者，甘地及其追随者（早期在南非，后在印度），1952 年非国大（ANC）在南非

_____

　　① 　潜台词是：打压抗议者的行动。

发起的针对关于公共场所种族隔离和关于有色人种出行限制的通行证法（pass laws）的抗命运动（Defiance Campaign），美国民权斗士，反核反战宣传运动、环保主义者，动物权利保护者（反对实验室动物实验、反对密集饲养、反对斗牛），接纳中美洲难民的宗教团体，反卖淫的女权主义者，艾滋病防治积极活动者以及反堕胎等各种社会运动"。这个普雷维尔式的清单表明了在不同时期和在不同国家中采用这种行动战略的各项事业所具有的多样性。它们用法律保护自己，埃贝尔将这种情况下的法律称为"盾"，与作为攻击武器的"剑"相对应，而使用作为攻击武器的法律成本更高且后果难测。这种方式可称为："进攻或出击式"，基于多种动因考虑，仍然被人们所使用，即使统治者更易获取法律途径。比如，发生诉讼行为后就要求司法做出裁决并且要给出裁决的依据。哪怕某些诉讼可能没有什么结果，但是通过一次诉讼，诉讼方既可以动员舆论，也可以就一个具体的问题要求法官表明态度。借助司法途径向一个对手展开斗争可能会引发某些调查机制的启动，使本来知情范围被限制或被有意掩盖的争议问题得以公之于众。

埃贝尔列举的法律用途还有很多，笔者从其所列中发现了一些规律。当政府开始改革时，采用法律进行斗争产生积极效果的可能性会更大，在此时期与权力当局外围的斗争会比攻击其核心的斗争更加容易见效，同时，如果将这些斗争集中于程序层面也往往会取得相当成果，因为在这一时期，司法机构不愿就深层政治问题发表意见，所以，法律在面对各种攻击时更多的是发挥盾的作用而不是做出实质性判决的剑的作用。因此，在埃贝尔看来，在这一时期将法律用于保护自身自由免受侵犯要比将其用于获得新的自由更为妥当。

社科新视角：法律作为一种动员形式

尽管法律有时是统治方单边的工具，但是它有时也被被统治方用于保护自己甚至用于反击；所以，法律的政治用途虽然受到制约，但是其潜力仍可深挖。在法国学术界，针对此类现象的关注与社会科学对法律的全新视角相呼应。真正的转折点出现在 20 世纪 70 年代末。从传统上看，尽管法律社会学的缔造者已经描定了真正的研究蓝图[①]，但是除了某些单独的研究，比如乔治·古尔维奇（Georges Gurvith）关于社会法的研究外，法律与社会学之间的各种关系在法国仍然是相互工具化的关系，更有甚者是处在互不了解的状态。

在法学家卡尔波尼耶（Carbonnier）做出先驱性研究之后，自 20 世纪 70 年代起涌现出了一批从社会学角度对法律进行研究的新生代学者。他们大多数在跨学科研究能力超过法国各个大学的法国科学研究中心（CNRS）从事研究工作，而且他们大多在法国司法部的各家研究中心接受过教育，深受布迪厄、福柯和法律批判运动的影响，所以他们所建立的法律社会学深深地植根于社会学中。[②] 20 世纪 80 年代《法律与社会》杂志（Droit et société）的创刊则为促进法律和社会学跨学科研究的渐入佳境创造了环境。

[①] Évelyne Serverin, *Sociologie du droit*, Paris, La Découverte, coll.《Repère》, 2000.

[②] 其中突出的是以下学者：雅克·科马耶（Jacques Commaille）、安娜·布瓦若尔（Anne Boigeol）、阿兰·邦科（Alain Bancaud）、雷米·勒努瓦（Rémi Lenoir）、弗朗茜娜·苏比朗 – 帕耶（Francine Soubiran-Paillet）、伊夫·德萨雷（Yves Dezalay）、皮埃尔·拉斯库姆（Pierre Lascoumes）、艾弗莉娜·赛尔弗兰（Évelyne Serverin）。

在公法和政治学方面，雅克·舍瓦利耶（Jacques Chevalier）领导的皮卡迪大学（位于亚眠市）行政与政治研究中心（Curapp）是一个使将法律与社会学联系起来进行研究的新思路成为可能的综合性的平台。皮卡迪大学行政与政治研究中心在1989年组织的"法律的社会用途"研讨会以及后来的出版物被法国学术界视为一个重要转折点。[①]

法国女学者卡里奥普·斯帕努（Calliope Spanou）的论文直言不讳地论述了用法律去抗争的问题，她集中关注女权主义运动、生态主义运动和消费者权益保护运动，重点介绍了法律在这些运动的抗争手段中所占据的重要位置。[②] 这位女学者指出了两个并存却相互矛盾的倾向：一方面，这些与法律有关的运动对法律抱有不信任感，因为法律源自国家；另一方面，这些运动又要求国家制定法律法规，这又可以被解释为某种承认国家权力的"国家要求"。她的论文激起了诸多质疑。她所论及的这些运动从法律角度看有何"新意"呢？它们对法律的运用方式是一种创新还是从业已存在的做法中翻新而得呢？20世纪80年代运用法律的做法日渐增多有助于社会科学学者发现法律的新地位还是只是法律的某个特异性的反映呢？

相比之下，对法律与社会运动如何实现有机结合的研究在美国已经成为一系列内容丰富的研究领域。学者迈克尔·麦凯恩写了一篇关于这一研究思潮的综述性论文，提出了法律动员

---

① Curapp, *Les Usages sociaux du droit*, Paris, PUF, 1989.

② Calliope Spanou, "Le droit instrument de la contestation sociale ? Les nouveaux mouvements sociaux face au droit", dans Curapp, *Les Usages sociaux du droit*, op. cit.

理论（legal mobilization theory），他本人就是这一理论的最佳代表人物之一。[①] 这篇论文所依据的第一个现象是法律学者对十分丰富的关于社会运动的社会学文献鲜有兴趣，却对利益群体、法律的政治作用、律师的地位十分关注。第二，相反的现象也同样存在：社会学学者对各种动员进行研究时往往只是将法律的作用一带而过，法律的作用在社会学研究所注重的理论形式化中严重缺位。因此，麦凯恩建议将法律和社会学这两个研究领域交汇于一个新的研究领域中，他泛泛地指出这个新的研究领域的性质应该和法律动员理论一样。上述对法律与集体行动的关系的概念化从其社会学定位上看并非"中性"。因为他主张建立一个用社会科学方法"解释"和分析冲突的视角——这与行为论等视角是相反的，这一视角继承了将集体行动视为以道格·麦克亚当（Doug McAdam）为核心人物的"政治过程"论（麦克亚当最著名的研究成果是对 20 世纪非洲裔美国人各种动员的研究）。[②]

麦凯恩提出的这种再概念化涉及多个关键问题。再概念化意味着在研究法律时不再仅仅将其视为现行规范的总和，而要同时将其作为一个价值观体系、文化体系和象征体系及其在社会行动中的构成意义加以研究。[③] 旨在理解各种社会运动的这种研究方式关注社区、工作场所、冲突发生地、政治和司法斗

---

① Michael McCann, "Law and Social Movements", dans Austin Sarat (ed.), *The Blackwell Companion on Law and Society*, op. cit.

② Doug McAdam, *Political Process and the Development of Black Insurgency, 1930–1970*, Chicago (Ill.), The University of Chicago Press, 1982.

③ 麦凯恩因而将法律置于阿兰·亨特 (Alan Hunt) 所提出的法律构成理论中。Alan Hunt, *Explorations in Law and Society. Toward a Constitutive Theory of Law,* Londres, Routledge, 1993。

争舞台等各个环节中的社会运动，因为在这些环节中，冲突可能形成也可能消弭。麦凯恩在某一社会运动的发展过程中确定了诸多法律可以发挥某种作用的几个阶段。

首先，从一个组织形成之时起，法律便可以参与一个新的动员的概念化（特别体现为"权利"诉求的形式）和行动议程设计了。法律和司法诉讼手段的应用可能成为一种新动员形式的催化剂和披露者（向媒体或舆论披露）。法律在运动发展过程中可以发挥作用的第二个阶段是对法律的运用方式有可能成为一个社会运动与对手进行斗争的制度资源或象征资源。尽管如此，这样一种动员的结果非常不确定，并且有可能代价高昂，而且如果涉及诉讼的话，最终还是要由法官说了算。但是麦凯恩强调指出，法庭并不是在研究社会运动时唯一要考虑的法律机关：国家或其他公权机关在法律的运用过程中往往也会受到质询，一个问题在司法或法律处理过程中被公之于众（资讯报道）有时就已经足够获得一个答案了——麦凯恩特别提及了一些动物权利保护的案例。① 最后，当一个社会运动是为了监督一项承诺是否兑现和一项公共政策是否落实时，运用法律进行抗争也可以在该社会运动的战略中占据重要地位。在这一框架下，使用法律和动员司法有助于持续施加压力并检验承诺与践诺是否相符，尽管这一阶段的结果可能不甚巩固，特别是在当事方缺乏能够保证司法决定得到执行的手段的时候。

麦凯恩所强调的几个阶段有助于研判在法律社会学和社会

---

① Helena Silverstein, *Unleashing Rights: Law, Meaning, and the Animal Rights Movement*, Anne Harbor (Mich.), University of Michigan Press, 1996.

运动之间建立关系是否恰当。但是，正如他本人所述，这一研究领域目前还是有限的，并且尚存至少两个重要空白（笔者在本书中试图去填补这两个空白）：一是真正意义上的国际比较尚不存在，二是对司法制度运行的研究尚未与法律专业人士的作用建立起起码的关联关系。

对法律的政治用途的拷问不论在法国还是在美国都催生了将对法律的关注和对集体行动的研究之议题结合起来的全新思考。这一新思路也可与 20 世纪 70 年代首先在西方国家的社会运动和政治运动中出现的法律新用途建立关系。集体行动研究理论在同一时期也获得了很大的发展[1]，这些理论均强调了行动的汇总归类、社会运动的具体组织形式和在共同基础上对各种形势进行解读的方式建构。这些研究成果对于掌握法律在各种运动中的作用十分有益。法律社会学与集体行动社会学之间的交融要求特别注意这些运动中的特定主体，特别是律师等法律专业人士，无论他们对这些社会运动中的法律持支持立场还是反对立场。[2]

尽管运用法律看上去不是一种明显的政治抗争方式，但是，如果我们抛弃幼稚与僵化，用新视角来看待这个问题的话，它便可以被归为一种抗争活动范畴。法律的抗争力量来自其自身性质的矛盾性：它既是一门学术性学科，又是一种实践性很强的形式；它既是国家话语的体现，又是想要独立于行政权的司

---

[1] Daniel Céfaï, *Pourquoi se mobilise-t-on?*, Paris, La Découverte, 2008.

[2] Michael McCann et Helena Silverstein, "Rethinking Law's "Allurements": A Relational Analysis of Social Movements Lawyers in the United States", dans Austin Sarat et Stuart Scheingold (eds), *Cause Lawyering. Political Commitments...*, op. cit.

法权载体；它既是每个人都不应该不知道的整体意志的表现，又是一套由专业人士所掌握的专门知识。法律的所有上述特征就解释了法律的力量来自哪里以及为什么用法律进行抗争时法律会表现出相对的可塑性。

第二章
律师：自由的捍卫者？

孟德斯鸠有句名言可以证明法律存在的意义："从万物之理来看，要想避免权力滥用，就必须要让权力制约权力"。[1] 政治自由主义并非反对法律的存在，它主张法律对保护个人自由而言（特别是在有可能滥权的统治者统治之下）是必不可少的这一观点。在霍布斯等人的经典政治理论中，宪法确定了国家的形式和国家可以介入的范围，以便在最大限度上保障每位公民的自由。尽管关于法律和国家间关系的讨论以及关于不服从法律的讨论已经作为政治哲学的经典问题被提了出来，但是在这些讨论中现身的法律界主体仍属凤毛麟角。然而，如果法律被视为与国家共存的数道必要的围墙，那么法律从业者（juristes）作为法律的生产者和操作者就应该被视为政治自由主义的核心主体。有这些法律从业者为中介，使用法律就成了自由制度下的重要因素了。这就是托克维尔思想所带来的重大转折点。在《论美国的民主》中，托克维尔强调，法律从业者（légistes）可

―――――――――

[1]　Cité par Nicolas Tenzer, *Philosophie politique*, Paris, PUF, Premier cycle, p. 224.

以形成制衡"多数人暴政"和权力暴政的力量。

之所以说托克维尔的思想具有重要地位，是它证明并宣告了律师在当代政治中的作用。历史学家也揭示了律师为法兰西第三共和国政治发展史所做出的贡献，以至于历史学家有时会把法兰西第三共和国称为"律师共和国"。除了这一时期外，整个西方民主国家的当代史也可以从律师所发挥的作用的角度入手去加以研究。这就是为什么很多重要的研究成果〔特别是在社会学家卡尔皮克（Lucien Karpik）指导下所获得的研究成果〕都强调律师和政治自由主义意气相投。这一解读也被律师所发起的新战斗所印证，特别是在非西方国家中，但是这一解读并未充分考虑那些"不参与"（non-engagement）律师的理由，而不参与律师在律师行业中往往是占多数的。

民主游戏中的法律从业者

托克维尔的著作在论述法律从业者对民主制度的贡献方面无出其右。托克维尔本人就是法律从业者出身，最初他到美国只是进行一项关于监狱系统的调查，所以他首先关注的是法律在政治制度中和在对政治制度的抗争中的作用问题。作为法国的司法官，他必须要向 1830 年宪章宣誓，这是法国七月王朝的规定，后来他见识到了司法机关和最高法院占据优势地位的美国民主制度。此外，托克维尔还注意到，在美国，在处理不同案件时否定或赋予司法权力当局其独立性的重要性也有所不同，所以他要找出美国民主体制赋予法律从业者核心地位的社会动因和政治动因。

专栏3. 法律从业者的社会和政治作用

500多年以来，法学家（légistes）在欧洲一直参加政界的各种运动。他们时而被政权用作工具，时而把政权作为自己的工具。在中世纪，他们为王权的扩大效了犬马之劳；从那以后，他们却坚定不移地致力于限制这个权力。

法学家之爱秩序甚于爱其他一切事物……即使法学家重视自由，他们一般也把法治置于自由之上。他们害怕暴政不如害怕专断……一个君主面临日益高涨的民主而欲削弱国家的司法权……那将是大错特错的。

在民主政体下，人民也信任法学家，因为人民知道法学家的利益在于为人民的事业服务……法学家根本不想推翻民主创造的政府，而是想不断设法按照非民主所固有的倾向，以非民主所具有的手段去领导政府。法学家，从利益和出身上来说，属于人民；而从习惯和爱好上来说，又属于贵族。法学家是人民和贵族之间的天然纽带。

在美国，几乎所有政治问题迟早都要变成司法问题。因此，所有的党派在它们的日常论战中，都要借用司法的概念和语言。大部分公务人员都是或曾经是法学家，所以他们把自己固有的习惯和思想方法都应用到公务活动中去。陪审制度更是把这一切推广到一切阶级。因此，司法的语言成了……普通语言；法学家精神本来产生于学校和法院，但已逐渐走出学校和法院的大墙，扩展到整个社会……使全体人民都沾染上了司法官的部分习性和爱好。

摘录自托克维尔《论美国的民主》第二卷第八章"美

国怎样削弱多数的暴政""美国的法学家精神及其如何成为平衡民主的力量"两节。[本书中《论美国的民主》引文之译文来自商务印书馆"汉译世界学术名著丛书"之《论美国的民主（上、下卷）》（2009，董果良根据加利马尔出版社，巴黎，1951年版译出）——译者注]

托克维尔将他所说的"法学家（légiste）"[即我们现在所称的"法律从业者"（juriste）或"法律专业人士"（professionnels du droit），其中包括律师、司法官及各个行政和执行机关的成员]均视为君主或政府与人民这两方之间的重要环节和连接纽带。这种介于平民和权势之间、对民主的追求和对秩序的企盼之间的中间立场使法律从业者发挥着一个稳定器的作用。在法国历史上，律师们也曾经先后在支持王权和支持革命之间几度摇摆，托克维尔强调了一个重要的区别来解释这种180°的立场大转弯。他说法律从业者珍惜自由，但更看重合法性，托克维尔建议君主不要试图去攻击司法权，正是为了强调如下史实：历朝历代中可以界定到的法律界人士主张改良甚至支持革命的立场倾斜，更多的是由于权力当局的行为失端，甚于前者的改变体制意愿所为。

在他看来，在美国式的民主体制下，法律从业者的政治作用更为关键："民主政府有利于加强法学家的政治权力。如果把富人、贵族和君主撵出政府，法学家在政体中就将总揽大权，因为那时唯有他们是人民能够找到的最聪明能干的人了。"法律从业者既来自人民，又"在人民之外"；既是传递人（沟通方），又是双方（利益）代理者；既作为"人民"事业的保护者而受到尊重，又为权力当局操纵法律和获得正当性发挥着弥足珍贵且必不可少的作用。法律从业者的社会属性对理解其作用至关重要。但其社会属性并非源自其社会出身，而是与其法律学习和学成后的法律应用有着必然的联系。托克维尔自己就是司法官，他将他认为的"团体"（corps）做了如下定义："这不是说他们彼此之间已经互相了解并打算齐心协力奔向同一目标，而是说他们学习共同的专业，从业方法一致，使他们在思维上互相结合起来，就像利益能把他们的意愿结合在一起一样。"因此，法律本身就是这些被称为精英团体成员之间的超越法律从业者各种不同身份的黏合剂。

托克维尔已经揭示了大部分历史学著作以及后来的社会学著作所强调的法兰西第三共和国的内容，他认为，律师的特点是雄辩能力和他们的政治角色，这使律师成为法国政治自由主义和第三共和国时期的关键人物。这里有必要强调一下托克维尔观点本身的社会学性，无论是在法律从业者的特殊社会地位方面，还是在法律说理特点研究方面（他还研究并列举出了欧洲大陆法系文化与英美普通法系文化有何不同）。

"律师共和国"：法国史上的一页

托克维尔还预言了法律从业者掌权将会和民主制度在法国的建立不期而遇。学者伊夫－亨利·高德迈（Yves-Henri Gaudemet）[1] 提出的"律师共和国"说法被政治史学家吉尔·勒

---

① 　Yves-Henri Gaudemet, *Les Juristes et la vie politique sous la IIIe République*, Paris, PUF, 1970.

贝盖（Gilles Le Béguec）[1] 重新采用并加以发展。他研究的时期是 19 世纪 70 年代到 20 世纪 30 年代，该时期法国的特点可以概括为："律师共和国的辉煌、衰落和消失殆尽。"[2] 他提出了两个可以用来解释律师如何在第三共和国中获得政治地位的要素：一是自 19 世纪 80 年代后，原先的统治阶级被迅速边缘化，二是律师教育途径的高效性。1810 年建立的见习律师辩护实习会议（Conférence du stage）（以及年轻律师参加的辩论大赛）在作者看来是第三共和国政治人才发展的孵化器。他的研究思路的主要特点是将律师作为一个群体加以研究，同时强调律师之间各种社交网络的重要性。所以正是社会亲和力和职业社交能力赋予了律师们在律师共和国中的地位。

这一特征在很多传记作品中也可见到，通过这些传记作品，那些史上最著名的法国律师政治家的职业轨迹和政治生涯逐渐为广大民众所知晓。像莱昂·甘必大（Léon Gambetta）就是一个典型的，同时也是理想的例子。甘必大 1838 年生于法国卡奥尔（Cahors），父亲是食杂店主，甘必大在巴黎成为律师后，很快在见习律师辩护实习会上脱颖而出，并在一桩政治辩护案中获得盛名，当时他的当事人是博丹（Baudin）案中的查尔斯·德勒克吕兹（Charles Delescluzes）。在这次案件辩护的过程中，他痛斥了帝国体制。一年后，即 1869 年，他即当选议员，由此开始了自己的政治生涯，后来他成为第三共和国初期几位主要领导人之一。从雷蒙·普恩加莱（Raymond Poincaré）到亚历山大·米勒兰（Alexandre Millerand），从皮埃尔·瓦尔德克－卢梭（Pierre

---

[1] Gilles Le Béguec, *La République des avocats*, Paris, Armand Colin, coll. "L'histoire au présent", 2003.

[2] Ibid, p. 3.

Waldeck-Rousseau）到樊尚·奥里奥尔（Vincent Auriol），从茹费理（Jules Ferry）到阿纳托尔·德·蒙齐（Anatole de Monzie），第三共和国的历史中满眼皆是律而优则仕的故事。但是，那些描述他们生活的报道和书籍中都较少提及他们的律师职业生涯，而更多提及他们其他方面的素质，在这些素质中，排在第一位的是公开演讲能力。矛盾的是，法律因素在他们标志性的从律师到政治家的职业轨迹中所占的比例很小。尽管他们被称为"法律执业者"（praticiens du droit），但是他们对法律知识和法律实践的发展并没有真正贡献。做律师首先意味着拥有了一个身份，享受了某种社会地位，这种身份和社会地位是和拥有众多党派、执政党更迭频繁的、自由的、资产阶级的第三共和国相称的，所以，律师长期在这些党派中占据重要地位。

专栏 4. 见习律师辩护实习会议是为政治斗争进行的完美培训吗？

见习律师辩护实习会议是政治人才的蓄水池，在辩论会上胜出的人被称为"会议秘书"，让·若安纳（Jean Joana）[1] 对这种人才蓄水池作用进行了深入研究，他研究了见习律师的演讲词并以统计学的方式研究了他们提早开始政治生涯的比例。其研究有助于弄清律师精英是出于哪些原因进入政界的。

对会上的发言者而言，要求获得法律专业人士的身份并不仅仅意味着基于对法律规则与社会和政治现实的影响

---

[1] Jean Joana, "Entre la Barre et la Tribune. Les secrétaires de la Conférence du stage du Barreau de Paris face à l'activité parlementaire au XIXe siècle", *Revue française de science politique*, 48 (3), 1998, p. 480–506.

力的过分高估而死抠法律条文。只有这些发言者具有实践能力并且意识到了了解上述现实的重要性，他们才能知道在他们的执业过程中会有哪些不得不做的事情。……会议上的发言显示，律师要求在他们的执业过程中获得特别的政治声望。他们祭起了继承自旧制度末期大案时期"政治律师"形象的大旗。因此，律师要求自己具有的品质并不仅限于道德品质和日常执业能力，还要加上特别的政治技能，而律师群体在19世纪所掌握的新技能使获得这些政治技能成为可能。这样，他们就明确了他们对将律师定义为紧密结合利益协商人和利益代表人的代表有多么热衷了。（p.489—490）

让·若安纳还研究了那些走向政界的律师的合理性。量化的数据佐证了见习律师实习辩护会议的胜出者的政治雄心，与别人相比，他们相对而言更多更早地开始从政。他们中的很多人都进入了议会。法律专业人士通过证明其职业轨迹合理性、创立在第三共和国历史中写下浓墨重彩一笔的政治—职业传统树立起了律师政治家的形象。

人们在研究法律的各种政治用途时，如果仅仅将第三共和国的历史单纯视为律师执政史，也会出现问题，因为法律只在很少的情况下才会作为这种在一个职业和一个政治制度之间建立亲缘关系的基础而出现。律师除了被视为一个职业或一套专业做法外，它也往往被化约为一种社会作用或一种共同归属感。这一观点在部分程度上令人想到一个经常被遗忘的历史事实：19世纪出现在政治斗争中的那些律师往往是"以律师的名义"

行事但并非真正从事律师职业的律师。[1] 但是，这种解释仍显不足。人们可以提出疑问，19 世纪以来，那些职业律师出身的政治家后来是不是从事了与他们作为立法者有关的某些活动和拥有特别的利益中心？还有，他们的政治参与会不会导致他们利用特别的法律适用方式和他们与特定的客户群的关系？法律武器是不是被那些投身于政治斗争并留下烙印——尤其是在共和体制产生初期之际——的名流所操纵了呢？这种更加一般化的推论是有必要的，吕西安·卡尔皮克（Lucien Karpik）为此提出的社会学研究方法值得我们多着一些笔墨去探讨。

政治律师

卡尔皮克在他所描绘的 13 世纪至 20 世纪法国律师业的大型社会历史篇章中[2] 总结出律师与国家、律师与公众、律师与市场之间关系的三个阶段。

第一个阶段是旧律师，即 13 世纪到 16 世纪的国家律师（avocats d'État），这些律师固然有私人客户，但是他们从属于议会并作为王室法律顾问参与王权的行使。直到 16 世纪，才出现了独立于国家机构的律师，卡尔皮克称之为古典律师或自由律师，这是这种关系的第二个阶段。律师行业逐渐通过内部自律进行管理，现代律师公会的雏形也随之诞生。从那以后，律师

---

[1] Laurent Willmez, *Des avocats en politique (1840–1880). Contribution à une socio–histoire de la profession politique en France*, Thèse de science politique sous la direction de Michel Offerlé, Universitz Paris–1, 2000.

[2] Lucien Karpik, *Les avocats. Entre l'État, le public et le marché, XIIIᵉ–XXᵉ siècle*, Paris, Gallimard, coll. "Bibliothèque des sciences humaines", 1995.

可以选举律师公会会长、律师代表,律师注册表制度也建立了起来,有助于培养年轻人的实习也开始组织了,凝结共同知识、提供社交机会的资料馆也开始建立起来了。一个自主于权力当局之外,拥有自己的一套规范原则和特定义务的职业文化,并将这种职业文化凝聚于法学启蒙教育书籍中(这些书籍奠定了这一职业的核心价值观)的群体逐渐有血有肉地成长起来。古典律师群体(特别是在 18 世纪时)不再依附在国家机构上,而更多地依附与市场的关系。根据当时已经提出的无私原则(就是提供辩护不以营利为目的,故称为无私原则,接近公益服务的概念——译者注),律师应该给每个人提供辩护,无论该人的境遇如何,永远不应要求收取费用并且应该满足于别人付给自己的酬劳,同时应远离商界。上述特征出现在 19 世纪初期律师行业复兴之时,那时正是自由律师业的巅峰阶段。与之相比,当前阶段是一个由于商务律师的崛起而导致危机出现的阶段。

律师可用法律作为武器对付权力当局的形象在启蒙时代逐渐树立起来。在卡拉斯(Calas)案中,伏尔泰就是因为他为这个因弑子而被审判的图卢兹新教徒平反昭雪而名扬四海的。从法律与政治的关系角度看,该案尤为重要,因为伏尔泰和一位年轻律师一道努力与被他批为狂热盲从和蒙昧主义者的法官对抗。这位年轻律师就是德博蒙(Élie de Beaumont),他组织了多次与律师同行的法律讨论会,逐渐制定了应诉时的法律策略和要求得到平反昭雪的诉求内容。上述两方面的做法将法律的使用和告知公众结合了起来。1765 年卡拉斯案平反昭雪,这也开创了某某"事件性案件"(affaire)的现代概念,即利用一次诉讼的契机揭露一桩丑闻并建构起一个更具普遍性的事业

（cause）。[1] 在当时，卡拉斯案事件就是一个为促进宗教容忍而批判蒙昧主义观的良机。18世纪60年代到80年代，很多类似的将文学笔触与律师辩护、法律辩护、民事或政治辩护相结合的大案纷纷出现，比如德拉巴尔（Chevalier de la Barre）案[2]和克雷侯（Cléreaux）案。[3] 除上述特别的案件外，卡尔皮克最终还强调指出了随着关于诉讼案追忆的广为流传，这个极不公正、陈旧腐朽的旧制度在各个案件的处理过程中受到社会谴责的方式。在萨拉·马扎（Sarah Maza）看来，这些诉讼的意义就是它们促进了现代公共舆论体系的建立。[4] 通过这种方式，律师通过逐渐把自己的自由主义雄辩术用于其他案件而参与"政治运动"。他们在著名案件中逐渐奠定下来的公共地位使其成为公众的"代言人"，这就是从代表一名当事人到代表整个社会的转变过程。这种代言人职能的出现也是律师向政治律师转型的起点。在以法律的名义与国家抗争的过程中积淀起来的威望第一次获得表现机会是在1789年的三级会议上，当时律师占了代表总数的1/4。

托克维尔已经在其著作中提及了上述现象，后世的历史学

---

① Elisabeth Claverie, "Procès, affaire, cause. Voltaire et l'innovation critique", *Politix*, 26, 1994.

② 这个年轻人被指控于1765年在阿贝维尔破坏了一座基督像，他以批判态度著称，受到折磨并被判处死刑，最终与当时被查禁的伏尔泰《哲学字典》一起被烧死。律师林盖（Linguet）、伏尔泰和狄德罗都为他辩护，但未获成功。

③ 该案名称源于鲁昂女佣玛丽·克雷侯（Marie Cléraux）。她于1788年因盗窃被判死刑，一位名为福隆迪艾尔（Frondière）的年轻律师为她辩护，他的辩诉大获成功，鲁昂议会最终撤销了该判决。

④ Sarah Maza, "Le tribunal de la Nation: les mémoires judiciaires et l'opinion publiqueà la fin de l'Ancien Régime", *Annales, Histoire, Sciences Sociales*, 42, 1987.

家蒂莫西·泰凯特（Timothy Tackett）[1] 又对其进行了更加深入的研究，他指出，在三级会议民选代表中占据优势地位的法律从业者中，除律师外，还有司法官和公证人。因此，他认为在当时"第三等级的代表中，有 2/3 的人有可能至少接受过与法律有关的培训"。在这个群体中，律师（无论他们是否真正执业）都是三级会议上最为出色的"笔杆子"。在当选前，他们当中的很多人已经通过发表司法类文章而声名远播了，这些文章中有的是支持改革、反对极不公平的司法制度的，但是更多的是主张维护一个"服务于社会和公共利益的"法律（或法理）君主制的。一旦当选后，这些律师就会表现为"国民议会中最积极和最具影响力的演说家和各委员会成员"，他们把语言能力与自己在议会中的参政议政职能结合了起来。

虽然革命时代赋予了律师一个全新形象，但是，正如卡尔皮克所指出的：矛盾的是，革命时代也对行业社团结构提出了质疑，特别是针对已有百年传统的律师公会组织形式。各种律师公会暂时消失了，各种行会组织出于同样原因也暂时消失了，直到 19 世纪后半叶律师行业的黄金时代，也是在这一时期中律师们才得以实现了他们所体现的政治自由主义事业之梦。

专栏 5. 政治律师，身处社会论坛与司法审庭之间

律师们可以享有两种政治动员形式。在法庭上，他们表述自己的观点时往往表现得毫不妥协，这会招致警告、质疑甚至诉讼中断。他们是直面权力机关的专制和暴力

---

① Timothy Tackett, *Par la volonté du peuple. Comment les députés de 1789 sont devenus révolutionnaires*, Paris, Albin Michel, 1997.

的终极保护人，所以他们被媒体赞颂并得到广泛同情。除了这种融合了君主派、自由派和共和派的统一政治化及其所带来的集体利益之外，那些在公共生活中分别属于不同"党派"的人（自由派与共和派为主）是相互争斗的；它们所进行的政治化是一种集合各自最积极活力的党派之政治化进程。律师群体最惊人的成就就是能够发现、尊重这种区别并且能够成功地让社会承认这种区别的有效性。这是他们与其竞争者相比所具有的一个特别优势，律师能在自己周围联合广泛的各派力量。这种联合的巩固，进而加强了律师参选获胜的可能性，使律师加快了向政治权力进军的步伐：在第二共和国失败后，第三共和国的历史体现了律师向国家权力进军这一不可抗拒的趋势。（节选自 Lucien Karpik, *Les avocats. Entre l'État, le public et le marché, XIIIe– XXe siècle*, Paris, Gallimard, coll. "Bibliothèque des sciences humaines", 1995, p. 194–195。）

卡尔皮克将律师职业视为一项真正的政治运动，它具体体现在律师群体身上，但律师群体一词所对应的现实却是支离破碎的，即法国全境遍布着各种律师群体。卡尔皮克对含有尊称之意的律师给出了一个社会学解释。他认为，如果说存在一个律师共和国的话，那么这要得益于自由主义律师群体"集体人格"的出现，这种与众不同的律师集体人格的特点就是：他们是公众发言人，他们公正无私，他们树立起了具有与在第三共和国时期占据主导地位的"法学精神"相符的法律能力的集体形象。不过，这种出现在 19 世纪 80 年代到 20 世纪 90 年代的集体形象很快因律师对德雷福斯（Dreyfus）案的参与不足而有些弱化，随后又被他们在认知社会问题方面乏善可陈进一步弱化，特别是在两次世界大战之间的时期。卡尔皮克试图使人相信在律师个人能力之上，也存在行业集体行动能力，但是他的这个观点还是存在问题，他其实更多是推断了而不是证明了法律职业在其成员政治归属分歧之上的职业团结性，而且有时又过于将此假设笼统化了。

相对地看待律师的政治参与

卡尔皮克的观点可以解释在第三共和国时期律师与政治之间的选举缘分（这里既指其本义也指其引申义），他旨在证明自由主义是整个律师职业的特点。律师职业既与专制形式的国家（在法国大革命前、在第三共和国创立之前）对立，又在国家以政治自由主义为旗帜时参与国家建构（比如在 1789 年的三级会议和在 19 世纪 80 年代至 20 世纪 20 年代）。律师群体因而拥有了双重正当性，一是法庭上的斗士，二是各个国家机构中的法律从业者，律师的地位很高，但是在后来的一段时期，其地位逐渐降低下来，卡尔皮克认为这个时期始于一战之后。通过上述对三个阶段的描述可以看出，这一巨幅历史篇章的核心人物和主角就是以那种"中间派内的极端者"或"温和派中的激进者"形象著称的律师，很符合自由主义者的气质，更何况此形象所散发出的抒情味道就令人感到富有说服力。但是，这幅历史画卷倾向于抹杀历史的参差感和忽略一些反例。比如它把更加多样的、激进的参与行为（比如 20 世纪 20 年代共产主义律师的参与行为）搁置一旁不提，尽管这类参与行为居于少数。这幅画卷还忽视了为数更多的秉持不参与态度的律师和无法归类到以那些著名律师所体现之模式旗下的其他律师。

　　律师与政治自由主义结合关系的假定并不仅仅存在于遥远的时代。直到今天，这一假设在发展中国家和前苏东阵营国家中（特别是俄罗斯）仍然会经常被提及，特别是在强调律师在人权事业中的作用时。关于在各时期、各领域中律师的作用新研究的动态正是卡尔皮克和特伦斯·哈里戴（Terence Haliday）[1] 主编的两部文集的基础。他们都在国际层面上试图展示律师职业和政治自由主义之间的关系，同时都反对在分析职业模式建设时强调市场控制的重要作用的研究思路。[2] 卡尔皮克和哈里戴主持的第一卷文集主要以历史为研究基调，由八篇关于在四个国家（法国、英国、德国、美国）中律师与自由政治体制之间的关系问题的论文组成。然而，这些论文的观点并未完全确认哈里戴和卡尔皮克的观点，有时甚至还弱化了他们的观点。[3] 这种对律师与政治自由主义的关系的研究范围的扩张尝试受到了诸多批评，种种批评意见强调，解释这一关系的方式存在多样性，目前尚缺乏共同认可的对自由主义的定义，"律师"群体的界定尚不明确。律师群体指的是有组织的律师行业吗？是仅限于律师中的精英还是包括所有法律专业人士？

---

[1] Terence Halliday et Lucien Karpik (eds), *Lawyers and the Rise of Western Political Liberalism*, Oxford, Clarendon Press, 1997; Terence Halliday, Lucien Karpik et Malcom Feeley (eds), *Fighting for Political Freedom. Comparative Studies of Legal Complex and Political Change*, Oxford, Hart Publishing, 2008.

[2] 特别是 Magali Sarfatti Larson, *The Rise of Professionalism: A Sociological Analysis*, Berkekey (Calif.), University of California Press, 1977。

[3] Stuart Scheingold, "Taking Weber Seriously: Lawyers, Politics and the Liberal State", *Law & Social Inquiry*, 24 (4), 1999.

卡尔皮克、哈里戴和弗瑞雷（Freelay）主编的第二卷文集中的研究成果涉及一些新的国家与地区（亚洲、中东、美洲、南欧），同时也更加偏重于当代领域。他们采用了一个新词——法律复合体（legal complex）来指称整个法律行业，故而其他法律专业人士（比如法官）也被纳入研究范围之中。然而，法官的特点有时与律师的特点相去甚远，特别是在如何看待其自身与国家的关系这个问题上，而这个问题在研究中处于核心位置。研究对象范围的扩大不但没有足以回应对前一部著作的批评，反而激起了更多新的批评，司法官比律师在更大程度上被指与政治保守主义过从甚密和维权势之马首是瞻。[①] 但是，这种研究范围的扩大也有助于将关于 20 世纪政治司法化和法律化（尽管这些字眼现在可能不使用了）的研究成果整合起来，而不再是仅仅关注律师对政治自由主义的贡献了。[②] 由此，关注律师和司法官的政治作用有何益处就显而易见了，特别是在非民主国家和民主制度尚不完善的国家中。

专栏 6. 法律从业者与权力专断行为抗争的现状——以巴基斯坦为例

提及法治国家和法律从业者作为法治国家代言人的正当性在很多民主制度尚不完善的国家仍然流行。最近，巴基斯坦就有一个案例，即 2007~2008 年总统穆沙拉夫将军和最高法院首席大法官之间的角力。正如学者洛朗·盖耶

[①] Alain Bancaud, *Une exception ordinaire. La magistrature en France (1930–1950)*, Paris, Gallimard, coll. "NRF Essais"，2002.

[②] Jacques Commaille, Laurence Dumoulin et Cécile Robert, *La Juridicisation du politique. Leçons scientifiques*, Paris, LGDJ, 2000.

（Laurent Gayer）在他的文章中所言，这一运动源自在司法体系中身居要职的司法官小团体和一些在已有从政经验的律师领导下的律师。这一动员后来通过律师公会扩展到广大律师同行，后来又以保障宪法和各项自由与权利的名义扩展到社会中更广大的领域（比如非政府组织）。但是尽管这种反抗最终获得了大法官官复原职的结果，但是它尚不足以在政治层面上引发变革，穆沙拉夫总统最终离职只是政界与军方交易的结果。

2007 年 3 月 9 日穆沙拉夫总统因巴基斯坦最高法院首席大法官不服从他的命令而停了后者的职，这引发了穆沙拉夫九年任期内（1999~2008 年）最严重的政治危机。最高法院大法官乔杜里拒绝在时任总统的穆沙拉夫将军和情报部门负责人的压力面前让步［后来情报部门负责人还是向他提出了友好协商解决的建议，但是又威胁要追究他滥用职权的责任（据传，最高法院首席大法官曾利用职权要求判定总统第二次参选资格无效）］，这实际上开始了他与军方及其领导人的角力。在总统做出决定之后，首席大法官得到了大部分律师的支持，他决心在总统和陆军领导人的政治操纵行为面前捍卫司法的独立性，而总统当时正在为自己的未来感到担忧，因为他的第二任期即将到期。支持最高法院首席大法官的行动后来已超出法律界人士的范围，巴基斯坦法官与律师的运动很快就引发了其他方面对总统的不满。

Laurent Gayer, "Le général face à ses juges: la fronde de la magistrature pakistanaise", *Critique internationale*, 42, 2009, p.95.

律师的"自由主义"政治特性目前还往往是假设而并未被充分证明，仍然需要深入探究。学者史蒂芬·雅各布森（Stephen Jacobson）对19世纪西班牙加泰罗尼亚地区的律师所进行的研究[①]显示，在这一时期内的自由主义政治家中，律师占了很高比例，但这并不一定意味着多数律师均属于自由派人士。他指出，在那时，律师在包括自由主义政党在内的各党派中也常常占据着领导地位的历史事实。雅各布森通过旁征博引证明，在"诸如法国、英国、西班牙等国家中，无论律师们的文化背景、教育程度和其特有气质如何异同，就他们的政治立场总体而言，既与启蒙时代无关，也并不是特别地反对专制主义。很多参与改革运动或偶尔参与革命运动的律师都未能使其同事走出其固有的习惯，也未能改变他们的首要关切，即维持日常的、营利性的代理和辩护业务的职业形象"。雅各布森还提到了加泰罗尼亚的律师在某些重要法律问题上的缄默态度。因此，他认为他们"玩世不恭地选择了不去关注奴隶制度，直到1886年西班牙议会（Cortes）通过法令解放了最后一批奴隶后，奴隶制度才在古巴完全废除"（古巴当时还是其殖民地——译者注）。这种缄默立场可能被认为是因为他们在跨大西洋三角贸易中拥有直接或间接利益而成了同谋。还有，他们对从法律角度来看缺乏根据的诉讼并未提出抗议，在雅各布森看来，这令人想到针对革命运动领导人的、宗教裁判所式的做法，他们的这种做法最终导致了19世纪70年代该国大量死刑判决的出现。

　　再次提出律师的参与问题意味着将三个往往盘根错节的

---

① Stephen Jacobson, "Droit et politique dans l'Espagne du XIXe siècle. Les avocats barcelonais et les particularités du libéralisme catalan", *Genèses*, 45, 2001.

问题加以区分，这三个问题又对应着三个相互区别的研究层次。

第一个层次是如何理解律师（或者更广泛地说是法律从业者）的各种政治参与形式。

第二个层次是上述参与的集体性：是否所有律师都参与了？他们是出于同样的价值观吗？有什么经验论证据呢？

第三个层次是自由主义观念在上述参与中是否占据支配地位（这尚需证明）。

现在，可以确证的是，在历史学著作中和在偏社会学性质的研究著作中，大部分革命或自由主义改革，比如启蒙时代或常被称为"人权"（droits de l'homme）①的所谓"第一代"权利，最初往往都是由律师、法律专业人士通过法律斗争或司法斗争提出的。从这一事实出发至少可以得出两个解释。

第一个解释倾向于认为自由主义观的政治律师在这些斗争中是代表其职业群体及其价值观的先锋，他们作为一个整体是政治自由主义发展的核心要素。

反之，我们可以认为，尽管政治家（特别是自由主义派政治家）往往都是律师，但是相对于所有其他职业群体而言，其实只有少数律师(以及更广义上的法律从业者)参与了政治运动，而且这些参与的律师也不一定都站在政治自由主义一边。这一观点使人将法律从业者与政治自由主义之间的联系非本质化，以便重新研究各类法律专业人士或非法律专业人士参与社会运动的社会机制，法律从业者的参与包括（但不仅限于）以自由主义的名义根据各种复杂模式参与（在这些复杂模式中，法律

---

① 现在普遍使用的"droits humains"一词。

的政治权力也在不断地调整）。这正引出了在"事业律师"[①]的视角下对此展开的研究。这是研究律师在其执业实践中的政治能力（有可能还是颠覆性的政治能力）的另外一种替代方式。前述将法律从业者与政治自由主义联系起来的各种研究都是集中研究律师所要求的价值观，采取一种因为是制度性的所以是有限的政治观。作为对比，新的研究方法对职业实践和政治实践的研究并重，并且将视线转向各个更加局部性的舞台：司法博弈舞台、律师事务所和抗争运动。这一视角下各项研究工作更多地运用专题性、历史性或社会学的调查研究，这种调查研究在理解法律专业人士运用法律参与社会运动时能够更加确切。此外，这种调查研究还可以从各个集体行动理论中获益，以便将法律纳入抗争运动的工具谱系中。

---

① 该词很难翻译，它指的是从 1998 年史都华·谢因戈尔德（Stuart Scheingold）和奥斯汀·萨拉特（Austin Sarat）编著的多部著作中所提出的法律行动主义的各种形式。关于这一学说的产生过程，请参阅 Austin Sarat et Stuart Scheingold, "Quelques éclaircissement sur l'invention du cause lawyering", *Politix*, 62, 2003。

第三章

司法界如同角逐场：一种颠覆性传统

诉讼是一种使秘密昭然若揭和向公众进行宣传的良机，每次诉讼在政治史上都是一个关键的时间节点。在西方，尽管某些学者以苏格拉底诉讼为例将这种公共介入形式的出现上溯至古希腊时期，但是可能要到启蒙时代，诉讼才逐渐显现出其影响力流传后世的两种模式。第一个模式可称为自由模式，它指的是学者伊丽莎白·克拉弗里（Élisabeth Claverie）在前文已经提到过的在伏尔泰曾经发挥过作用的卡拉斯（Calas）案中总结而成的"事件性案件"（affaire）形式的出现。在整个 19 世纪和 20 世纪中，我们都可以看到其各种表现，而德雷福斯案无疑是这种将司法竞技场和知识界的讨论相结合的巅峰。[1]

第二个模式可能并不为世人所熟知，也并非人人都认可，但是它在革命思想中却占据了重要地位，我们可以称之为围绕革命时期的重要案件（即巴贝夫案）发展起来的列宁主义

[1] Luc Boltanski, Élisabeth Claverie, Nicolas Offenstadt et Stéphane Van Damme (dir.), *Affaires, scandales et grandes causes. De Socrate à Pinochet*, Paris, Stock, 2007.

传统模式。作为马克思和恩格斯共产主义思想先驱的巴贝夫（Gracchus Babeuf）主义源自 1797 年巴贝夫在法国高等法院的所谓的平等会（Conjuration des égaux）案诉讼，此次诉讼开创了共产主义运用司法传统的先河。1938 年第一次出版的由法国共产主义律师马塞尔·威亚尔（Marcel Willard）撰写的著作《辩方指控》（La défense accuse）[①] 中大篇幅地涉及共产主义司法和历史传统。威亚尔在书中用了多个章节提出了一套共产主义律师人人可用的理论，它是建立在包括巴贝夫案、列宁关于辩护问题的信件和季米特洛夫案等在内的政治诉讼史的基础之上的。保加利亚共产主义者（法文原书有误，写成匈牙利人——译者注）季米特洛夫被德国纳粹党指责为 1933 年国会纵火案的元凶，在德国当局拒绝威亚尔做他的律师后，他选择自己为自己辩护。最终他被纳粹法庭释放。

威亚尔在著作中还提到了列宁关于辩护问题的信件。这是一封 1905 年信件的翻译件，是列宁写给被沙皇囚禁的俄国社会民主工党（俄共前身）党员们的一封回信。在这封于 1925 年公开的信件中，列宁突出了不惜被判重刑也要利用法庭作为政治宣传工具的主张。列宁还强调了他对律师的不信任，他认为律师是知识分子中的下等人和小自由主义者，他因而要求党员采取自我辩护，这样可以避免律师在为他们做无罪辩护或为他们要求轻判时使自己的政治行为受到批判或为自己的政治行为道歉。威亚尔在将资产阶级律师视为职业畸形的同时，衷心呼吁律师以"革命律师"或者更进一步以"律师革命家"的全新形

---

① Marcel Willard, *La défense accuse*, Paris, Éditions sociales, 1951 [1ᵉʳ éd. 1938].

象示人，因为"只有一个比律师更加积极的辩护人才能将自己的才华和法律经验用于服务他的同志们以便更好地理解和支持他们的政治意图"。

上述列宁主义模式奠定了当代"决裂辩护"（la défense de rupture）做法的雏形，在非殖民化斗争时期，决裂辩护在法国作为新的司法斗争形式普及开来。20 世纪 70 年代又出现了建立在法律和用法律倒逼当局基础之上的新的斗争形式。20 世纪中用法律进行政治斗争的变迁成为一个内容特别丰富的研究领域，对更深刻地理解这一领域最有益的做法就是对"事业律师"（cause lawyering）进行研究。

从反殖民斗争到决裂辩护的理论化

20 世纪 20~30 年代培养的共产主义律师（特别是威亚尔在法国培养的共产主义律师）是在镇压法国殖民地独立运动过程出现的案件中为独立运动的支持者和斗士提供辩护的律师集体的核心成员。他们开创了一种与人权联盟组织（LDH）[1] 那种更为传统的方式相异的法律介入方式。尽管出现了"法律救助"这种新的法律介入方式，但是人权联盟长期以来一直的做法是，将频繁寻求上级行政干预途径和司法机关的网开一面作为救助途径，而不是司法诉讼[2]，以便尽可能努力减少在处理个人案

---

[1] Emmanuel Naguet, *La Ligue des droits de l'homme: une association en politique (1898–1940)*, thèse d'histoire, Institut d'études politiques de Paris, 2005.

[2] Éric Agrikoliansky, "Usages choisis du droit : le service juridique de la Ligue des droits de l'homme (1970–1990). Entre politique et raison humanitaire", *Sociétés contemporaines*, 52, 2003.

件上产生的政治效应。但是总是寄希望于获得殖民地法律例外的做法本身恰恰与法治国家的原则相悖，最终也导致了人权联盟——几乎是违心地——在事实上谴责它自己在两次世界大战之间曾经积极加以利用的这种统治形式。[①] 律师群体则是从20世纪40年代后就开始建构为反殖民主义事业进行政治辩护时的司法战略了。这个从殖民主义抗争出发作为关键时期和分析角度的视野有助于揭示在研究政治抗争方式过程时应该如何去考虑法律的运用方式。把自己的行动建立在正当性的基础上（这里指的是殖民地占领）是非常关键的，因为在这时使用一个现代国家的法制手段会使对该国的行动进行抗争获得奇效。

从二次世界大战结束到阿尔及利亚战争结束，成立律师团成为新形势下展开司法斗争的新形式。组建律师团的做法从法国本土的律师们介入法属西非和喀麦隆（1949~1952年）的非洲民主联盟（RDA）的诉讼案件时就起步了，这些诉讼案件因而也就成了后来在阿尔及利亚发展起来的各个律师团的"试验田"。[②] 1948年9月律师们为了给马达加斯加本土议员进行辩护而组成了第一个集体辩护团，此后不久，在一件为几千名被捕的非洲民主联盟积极分子进行辩护的案子中，年仅24岁、参与过马达加斯加案集体辩护团的法国年轻律师亨利·杜宗（Henri Douzon）与他的巴黎同行们又组成了一个律师团。该律师团与非洲民主联盟保持联系，在非洲轮流维护着某种法律值班制度，

---

① Laure Blévis, "De la cause du droit à la cause anticoloniale. Les interventions de la Ligue des droits de l'homme en faveur des 'indigènes' algériens pendant l'entre-deux-guerres", *Politix*, 62, 2003.

② Sharon Elbaz, "Les avocats métropolitains dans les procès du Rassemblement démocratique africain (1949—1952), un banc d'essai pour les collectifs d'avocats en guerre d'Algérie", *Bulletin de l'IHTP*, 80, 2002.

以便尽可能多地承担非洲民主联盟成员案件的辩护工作。往返巴黎和非洲之间，将在本土律师事务所内进行准备工作和在非洲案件审理过程中完成辩护工作相互结合，一种新的执业方式由此形成。当然，这种新的执业方式也遇到了诸多障碍，特别是在本土参与此项事业的律师仍然过少，同时，与非洲民主联盟进行政治协调和司法协调也存在一定难度。

由于联合了像威亚尔这样既年轻又信仰共产主义的骨干律师，这些案件的辩护工作首先是建立在政治基础之上的，即利用诉讼的机会接触大众，尤其是以媒体为中介。在这一背景下，律师们的司法策略很大部分是建立在强调法治国家应遵守却未遵守的原则的基础上的，这要通过反复要求将被告人争取独立的行为视为政治性而非犯罪性的行为，从而使被告人获得政治犯地位来实现。政治辩护的做法因而应是将法律作为埃贝尔所说的"盾"来使用。

这些在法国本土与法国各个属地和领地上关于集体法律与政治工作的最初经验在 20 世纪 50 年代初被用于对阿尔及利亚梅萨利·哈吉（Messali Haji）所领导的民主自由凯旋运动（MTLD）的诉讼中。后来，在阿尔及利亚民族解放阵线（FLN）的要求下，通过这些在政治上直接联系起来的各个律师团得以创立，即著名的"民族解放阵线律师辩护团"，雅克·韦尔热斯（Jacques Vergès）在这些律师团组织中大显身手，但是这些律师团也排除了一些更年长些的、更少听命于某一党派的持反殖民主义立场的律师，比如伊夫·德舍载勒（Yves Dechezelles）和皮埃尔·斯蒂伯（Pierre Stibbe）以及共产党员。在民族解放阵线律师辩护团中，政治辩护更具攻击性并且使律师实践服务于由民族解放阵线下属军事组织所直接确定推行的政治路线。正是在这个框架内韦尔热斯开始实施了著名的"决裂"辩护做法。

专栏 7. 雅克·韦尔热斯的决裂辩护观

　　1925 年出生于泰国的雅克·韦尔热斯是一位爱放狠话、既为媒体重点关注却又不失神秘感的律师，以喜欢为"不可为之而辩"的案件进行辩护而著称。他曾经是前纳粹警察头目巴比（Klaus Barbie）、塞尔维亚前领导人米洛舍维奇、著名恐怖分子卡洛斯（Carlos）和乔治·伊卜拉辛·阿布达拉（Georges Ibrahim Abdallah）的辩护律师。他的声望除了来自其当事人的名气之外，也来自他在阿尔及利亚战争期间在关于民族解放阵线成员的案件（特别是后来成为他妻子的贾米拉·布希莱德的案件）中所实施的决裂司法概念。人们往往忘记了这一点，当时维尔热斯所主张的辩护观是威亚尔在法国所普及的列宁主义辩护观的继续。韦尔热斯在《论司法策略》一书中阐述了自己关于司法之政治用途的观点，我们可以从以下节选中体会一下。

　　这种（在革命诉讼中）通过司法战争进行的颠覆并不可能一蹴而就。尽管季米特洛夫在其诉讼中并未仅限于理念论争，而是利用其诉讼之际在政治上与敌人对抗，但是他作为一个在德国的保加利亚人，并未对德国政府的法庭管辖权提出异议，即使该政府是德国人民协商建立的纳粹政府。

　　在对民族解放阵线成员的诉讼开庭时，阿尔及利亚方的被告人在法国使用无管辖权的论点来对抗法国法庭并且以另一套法制的名义来指责审理他们的法官。决裂诉讼做法在此时达到其顶点。各种通过将法庭内外的审情变化与谋求社会各界同情的努力结合起来以实现完全决裂（质疑法官的管辖权）和掌握更大灵活性的做法使所有诉讼都由于所有被告人的集体斗争而被拖成了一场持久战，关于民族解放阵线的各个诉讼标志着当时司法体系以丑闻方式之瓦解，以及司法斗争在欢呼声中向革命战争的质变。

Jacques Vergès, *De la stratégie judiciaire*, Paris, Editions de Minuit, 1968, p. 184–185.

例如，20 世纪 40 年代末到 60 年代中期法国殖民地独立运动事业对于殖民当局司法镇压的规避经验从法律的政治用途这一研究角度来看颇具丰富的教益之处。正如西尔维·泰诺（Sylvie Thénault）在她撰写的关于阿尔及利亚战争中的司法官们的论文中所述[①]，司法视角是对殖民地秩序内紧张关系进行分析的绝佳切入点，它强调指出了由一种把法律工具性的使用形式——纯粹用于惩治——所导致的殖民地权力机关丧失政治正当性。另外，这些通过对司法的运用在法律专业人士中所造成的紧张关系也产生了政治后果。从民族解放阵线的辩护律师们被法国当局关押，到整个律师行业的愤怒，最后再到巴黎律师公会的抗议[②]，这个过程就是各项辩护权以及对各项辩护权的追求可以在这样的背景下被政治权力当局视为一个威胁的明证。

"殖民镜鉴"（miroir colonial）至少具有两方面的教育意义。

[①] Sylvie Thénault, *Une drôle de justice. Les magistrats dans la guerre d'Algérie*, Paris, La Découverte, 2001.

[②] Ibid., p. 115–118.

首先，从分析角度看，殖民镜鉴既反映了法治国家原则在殖民地统治正当性和证实这种正当性方面的内在缺陷[①]，作为有限的案例，也凸显出法律权力的双重性。当面对一个对自身的法律价值观与道德价值观的忠诚度受到质疑的政权时，严守法律条文、以子之矛攻子之盾和恪守各项原则都有可能是反对当局使用意在镇压的司法和法律做法的有效武器。其次，殖民地的例子乃至整个反殖民斗争的历史都具有重要意义，因为它们对于在1968年五月风暴后参与新的政治和法律运动的法律从业者或未来的法律从业者而言是一个培养成长期和进行社会动员的良机，特别是通过重大诉讼案件来进行动员，比如贾米拉·布帕夏（Djamila Boupacha）案、让松（Jeanson）网络案。

决裂辩护成为后来几年中依据法律进行参与活动的律师的共同参考标准和境界症例。选择决裂辩护的律师通过质疑他所置身其中的制度的正当性、不承认法庭对其当事人的判决、批判在诉讼中所受到的政治镇压的非正义性，使诉讼有可能成为将"来自内部"的潜在颠覆力量推上前台的良机。

1968年五月风暴对法国法律界的影响

尽管发生了上述种种斗争，但是在1968年五月风暴前，法律始终被普遍视为既是一个具有保守性的学术学科，又是一种保证法律秩序和社会秩序得到遵守的职业活动。从这两个角度

[①] 可参见 Laure Blévis, *Sociologie d'un droit colonial. Citoyenneté et Nationalité en Algérie (1865–1947), une exception républicaine ?*, thèse, IEP d'Aix Provence, 2004 或 Emmanuelle Saada, *Les Enfants de la colonie: les métis français entre sujétion et citoyenneté*, Paris, La Découverte, 2007。

看，1968 年的五月风暴一方面是少数积极的法律从业者的决裂之机，另一方面也有助于依靠法律和司法动员的新形式在随后几年出现。首先，在各大法学院中，抗争如火山爆发般喷涌而出，但是其强度要比其他人文科学中的爆发更弱。巴黎大学法学院在 5 月 6 日开始罢课，同时创立了名为 PAN（Panthéon-Assas–Nanterre，分别为索邦大学三个分校的地址）的罢课委员会。在当时遍地开花的各种集会上，关于法学院招生与教学条件的各种要求也频频出现。高等教师资格会考也因被视为教师们自我封闭的小圈子而受到强烈的质疑。1968 年 6 月以后，一本呼吁法学院在教学方法和招生方式上进行现代化改革的名为《批判大学》（*Université critique*）的册子得以发表。但是，这场抗争在很大程度上仅限于学界内部，主要由学生和组成联合会的大学讲师们参与，而且在巴黎法学院之外应者寥寥。

司法界可能更能揭示法律与政治间的新的紧张关系。但是，将司法舞台作为政治的角斗场并不是为在 1968 年 4 月底 5 月初最初的动乱中被逮捕、关押和审判的年轻激进人士和学生提供辩护的律师们最初所选择的策略。5 月 22 日，戴高乐将军发布了一道赦令，被认为是会起到结束镇压对抗议运动发展的恶性循环作用的。在后来几周中提起的众多诉讼（特别是向国家安全法庭提起的诉讼）的被告人被指控试图重新组建根据 1968 年 6 月 12 日法令被解散的极左组织。鉴于这一罪名有可能被处重刑（最高可判两年监禁），辩护律师们力图以形式瑕疵为由取消大量案件并使被告人获得无罪释放。一个毛派团体领导人阿兰·盖斯马尔（Alain Geismar）在为获得政治犯身份进行一次绝食后，在 1970 年 10 月进行的诉讼过程中要求他的律师亨利·勒克莱克（Henri Leclerc）不要为他辩护，而是自己利用这个机会在法庭做了一篇政治演讲，这一演讲旋即被马斯佩罗出版社出版。[①] 国家安全法庭于 1963 年作为特别法庭设立，其管辖权继承自阿尔及利亚战争时期的特别管辖权，盖斯马尔案使国家安全法庭变成了政治角斗场，这起诉讼案也变成了一个被解散的极左组织在遭到禁令被解散的背景下晓谕公众极左组织依旧存在的一个平台。

在上述涉及 1968 年运动积极参与者们的大大小小的诉讼之外，律师们在为这些运动的积极参与者和相关事业提供辩护时也出现了专业化（往往是部分专业化）的现象。那么，一个关于在辩护实践中都有哪些重要政治问题的共同研究方向应运而生，特别是在"司法行动运动"组织（MAJ）内。

专栏 8. 司法行动运动和 Actes 期刊

　　该运动初创时名为司法行动小组（GAJ），于 1968 年 5 月底创立，最初的成员是一些动员起来的法律从业者，他们反对镇压示威者、批判"（警务）公务人员在警察局等场所和在街头针对个人的严重和可耻的残暴行为"[②] 以及批判司法机关根据权力当局的命令判决示威者这一审判方式。在一段时间以后，该小组提醒巴黎律师公会理事会去注意众多参加各种事件的外国人被驱逐这一情况。通过对各种时事热点问题的持续思考，1969 年 1 月 8 日，该小组召开

---

① Alain Geismar, *Pourquoi nous combattons. Déclaration d'Alain Geismar à son procès (20, 21 et 22 septembre 1970)*, Paris, Edition François Maspero, 1970.

② Communiqué du GAJ transmis au Comité d'action de l'ORTF, 29 mai 1968, Archives J.–J. de Felice, BDIC.

了一次关于劳动法方面的新成果（比如承认企业工会分部）所带来的新抗争潜力的会议，法国总工会（CGT）和法国民主劳联（CFDT）的代表均出席了此次会议。在律师让－雅克·德·菲利斯（Jean-Jacques de Felice）的领导下，学生、外国人、工薪阶层成为这个长期存在的团体所关注的热点。

司法行动小组聚焦源自1968年五月风暴的典型运动议题，因与另一组织重名，该小组于1969年更名为司法行动运动（MAJ），在更名的同时该团体也逐渐重组，创建了众多专业研究小组和地方分支机构，并于1975年组织了第一次全国代表大会。但是该团体在20世纪70年代后半期逐渐衰落，让位于分别于1968年和1972年创立的司法官工会和律师工会。司法行动运动团体的传世之作可能首先就是《法律行动学报》期刊（Actes, Cahiers d'action juridique），该期刊主要由司法行动运动的成员创立，由律师贝尔特朗·多梅纳克（Bertrand Domenach）担任主编。创立此刊的目的是通过法国和国际上的案例来传递和交流对法律的批判的观点和方式。该期刊在业界影响甚大，一直出版至1992年，在发展过程中逐渐走上重学术轻实践之路，这与越来越多的学者参与编辑工作有关，这些学者中就有皮埃尔·拉斯库姆（Pierre Lascoumes）。该期刊的内容也受到了福柯思想的巨大影响，包括在精神病学家与司法的关系方面和监狱问题方面。福柯去世后该刊出版的一期《墙外的福柯》专刊也见证了福柯的巨大影响力（1986年夏季号第54期）。该刊同时也是一个与"法律批判"法学家们进行思想交流的平台，这些法学家当时希望发展一种马克思主义的方法和改革大学内的法律教学方式。

司法行动运动和 Actes 期刊是法律主体从业者们（律师、司法官、学者）和处于边缘地位的法律从业者（主要是社会工作者）将理论探索和专业实践相互结合，进行的有益举措。同时，在法律批判和法律实践之间也逐渐出现了其他互动形式，工会也在司法领域得以创立，同时，司法职业实践的其他替代形式也获得了发展。

司法工会的创立

1968 年 5 月后的几个月至几年间，司法工会逐渐建立起来。最早的工会首先在司法官群体中出现，后来在律师群体中出现，最后在行政领域的司法官中出现。工会传统与法律界的这种空前结合开启了法律与社会运动相衔接的新可能，且更具社会知名度。

司法官工会经过几个月的酝酿最终在 1968 年 6 月正式成立。成立工会的设想最初是由国家司法官学校（École nationale de la magistrature）的校友提出的，工会在其行动计划中将（司法官的）界别权益保护和确立司法界新的社会作用相结合，他们在确定组织名称时选择了"工会"（syndicat）一词也表明在司法界出现了真正的、具有象征性的决裂（白领职业界一般偏爱使用行会、协会这类界定词汇，而工会一词则带有更多的抗争意思——译者注）。由这一创新所导致的结构变化体现在两个方面。首先，创立司法官工会在业内引起了巨大的反响。截至 1978 年，12.3% 的司法官都是这一工会的会员，在某些领域这一比例还会更高，比如 1/3 的儿童法官、1/5 的预审法官[1]都是这一工会的会员。其次，工会在成立之初就成为众矢之的，特别是受到来自总理府的批评。因为一系列"事件性案件"（affaires）均牵涉加入工会的司法官，当然，这也证明了该工会在 20 世纪 70 年代的政治影响力和媒体上镜率均在不断增加。其中最著名的案件之一发生在 1975 年的贝图恩（Béthune）案，年轻的预审法官帕特里斯·德·夏莱特（Patrice de Charrette）决定在一名工人死亡后指控厂长犯下了过失杀人罪而将其收监。在《巴黎竞赛画报》（Paris Match）报道此案后，工会成员们有了"红色法官"的绰号，他们与前司法部长让·傅瓦耶（Jean Foyer）的争论也日趋激烈，后者在《费加罗报》（Le Figaro）上撰文称司法官工会是"极左翼颠覆性组织"。工会则起诉让·傅瓦耶诽谤并且在一审中胜诉，但最后该判决在上诉时被撤销。

沿着司法官工会开创的道路，1972 年，律师业内的法国社会党党员和法国共产党党员在巴黎成立了法国律师工会（SAF）。其成员的社会党和共产党属性使其具有更加明显的政治倾向。从创立之初起，法国律师工会在建立一个更加民主和更加可及的司法体系的诉求上就与司法官工会有着诸多相近的动员口号。尽管最初很多斗争都是两家工会协同进行的，但是律师特有的关切体现为更加关注辩护权利和工作权，这与法国律师工会的成员们最常处理的法律业务领域吻合，即刑法和工薪者保护。虽然还未在业界处于多数地位，但法国律师工会还是很快就接纳了不可小觑的律师人群（1978 年会员达千人左右）并且逐渐

---

[1] Anne Devillé, *Le Syndicat de la magistrature en France. Interprétation de la construction d'une action collective*, dissertation doctorale en sociologie, Université catholique de Louvain, 1992.

进入了与律师职业相关的机构，1974年克洛德·米歇尔（Claude Michel）在博比尼（Bobigny）当选，1979年保罗·布歇（Paul Bouchet）在里昂当选，出任业内要职。司法官工会的创立同时还波及了行政领域。1972年，行政司法工会得以成立。

司法工会在20世纪70年代中期的发展体现在由一些法律专业人士提出的新司法观上，包括捍卫自身相应地位和要求司法更加开放、更加民主这对至少在表面上看相互矛盾的观点交汇之处，总的说来，上述工会的创立和持久存在深刻地改变了司法界的面貌和行动的可能性。维奥莱娜·鲁塞尔（Violaine Roussel）阐明了在这一时期司法官特有行为的变化，对于理解法官（特别是预审法官）针对20世纪90年代的政治司法案件中被追诉的政治家们所采取的新做法之重要意义。"因为自20世纪70年代以来，以法律规范和程序机制为核心组织起来的司法官体系更加职业化和专业化，其循序渐进的发展使个人依靠上下级式的等级权威干预司法的空间日益狭窄。"[①] 新一代司法官的涌现以及各种司法官工会对自身独立于政治权力当局和等级关系的重新定义使在20世纪90年代对企业主和民选代表提出诉讼成为可能，而这在以前是不可想象的。

其他法律替代斗争实践的发展

除了工会在法律界的出现，20世纪70年代的转折意义还明显地体现在频繁使用"法律工作者"或"法律是工具"等说

[①] Violaine Roussel, "Les changements d'ethos des magistrats", dans Jacques Commaille et Martine Kaluzynski (dir.), *La Fonction politique de la justice*, Paris, La Découverte, 2007, p. 38.

法的左翼参与法学家身上。除将法律知识和法律实践去神圣化外，这套以实践和行为为核心的新的词汇体系引起了对新参与形式对执业行为产生影响之方式的关注。从很多案件都可以看出司法官工会的成员们推动司法实践现代化的方式。例如在杜雅尔丹（Dujardin）案中，杜雅尔丹是司法官工会的成员，当时任里尔的预审法官，1974 年 10 月 31 日，他被司法部长让·勒卡努埃（Jean Lecanuet）停职，并且被告上了最高司法委员会（Conseil supérieur de la magistrature）。此事的起因是他连续三天将自己的事务所向《新观察家》杂志（*Nouvel Observateur*）的一位女记者开放，而这位记者在发表文章时并未遵守法官所要求的匿名条件。有意思的是，在工会的年度大会上，"杜雅尔丹表示他违反这项形式法律是为了要求对实质法律的严格遵守，最终目的是还法国人民以司法正义"。① 这里，他的矛头直指司法不透明和不为人们所了解的现实，由此，公众对法官工作内容的可及性问题就凸显出来了。

但是，毫无疑问，律师执业实践形式也发生了最具戏剧性的革新。"奥尔纳诺大楼"（Hôtel d'Ornano，得名于其所在平民区的街名）事务所的成立是司法行动运动（MAJ）的成员，律师亨利·勒克莱克（Henri Leclerc）和律师乔治·皮奈（Georges Pinet）尝试建立全新职业组织方式的经典案例。正如律师亨利·勒克莱克所言，正是由于使用了职业民事协会（SCP）为事件性案件律师（avocats d'affaires）所设计的新结构，这个合作性律师事务所（也叫合伙事务所）才得以组建。"我们希望提供一种容易获得的服务，以此拉近律师和需要律师的人之间

---

① "Affaires", *Justice*, 1996, p. 67.

的距离。我们希望为社会斗争及其积极分子贡献力量，但是我们也希望运用我们的技能、专业性、集体想象力向所有需要我们的人提供高质量的服务。"① 除了像奥尔纳诺事务所这样的律师合作社外，还存在其他旨在便于公众获得法律服务的举措。

比如"法律专务店"（boutiques de droit）运动，这是一种多多少少有组织化的机构，它们往往由律师或法学类学生管理，在斯特拉斯堡、波尔多和巴黎等地向需要解决法律问题的人提供帮助。这些免费咨询业务有时被认为是不正当竞争和在某些案件中无视行业秘密，所以部分律师对其表现出敌意，但是这些免费咨询的目的是促进法律交流的公开化和通过加强法律服务的可及性将法律去神秘化（比如巴黎节日广场的法律专务店）。

集体律师事务所和法律专务店志在回应各种法律问题，而同期发展起来的专业化咨询服务则以提供某些特定领域的法律信息为宗旨，在这些特定领域中往往与一些抗争行动组织有联系。与司法行动运动有关的两个团体"积极辩护组织"（Défense active）和"集体辩护组织"（Défense collective）每周聚会一次，两组织的成员既有法律专业人士，也有非法律专业人士。积极辩护组织的成员主要是无政府主义者，集体辩护组织则是作为一个"反对所有资产阶级镇压形式的辩护集体"出现的。此外，还有一些体现着那个历史时代"新社会运动"特点的新组织，它们认为有必要建立一种法律常设接待处，比如女性解放运动

---

① Henri Leclerc, *Un combat pour la justice*, Entretiens avec Marc Heurgon, Paris, La Découverte, 1994, p. 173.

（MLF）的法律常设接待处，1972 年向外来移民劳动者提供资讯与支持的团体（Gisti，音译为吉斯提）在成立后不久就设立起来的法律常设接待处。这个支持团体最初由四位国立行政学院的年轻毕业生发起设立，他们认为在涉及外国人的法规中存在法律盲区，值得在政治层面努力，从而使最贫困的无产阶级能够获益。所以吉斯提在诞生几个月后就设立了法律常设电话咨询处，帮助遇到法律问题的外国人去应对，同时也收集有助于指导未来斗争方向和研究法律问题多样性的具体案例，特别是那些无法简单归入这个或那个法律专业中的具体移民案例，而且这些案例往往是在真正意义上的外国人法尚不存在（因为公权机关最喜欢使用的管控方式是发出行政通知或文件 [①]）的情况下遇到的案例。

在各个层次上的替代做法是以促进各类别社会群体获得更多法律服务作为目标，有些群体基于社会原因或政治原因被迫或者自愿与法律保持一定的距离。然而，在各种替代实践的实施者看来，法律作为一项知识或一件工具是有可能对这些人群有用的。此处，这种实践的革新指的是对法律专业人士和非业内人士的执业做法的改变，这包括：使法律更具拥有性（可获性），在司法行权的民主化的同时让法律去神圣化。这些替代倡议做法远未使法律的政治和社会用途去正当化，而是通过参与普及法律知识和将法律纳入新兴的政治和社会运动行动的工具范畴内，从而肯定了法律的政治和社会用途。

[①] Liora Israël, "Faire émerger le droit des étrangers en le contestant, ou l'histoire paradoxale des premières années du Gisti", Dossier "La cause du droit", *Politix*, 62, 2003.

对司法界的政治参与用统一的分析框架？

尽管本书重点讨论的是法国的情况，但是考虑到 20 世纪六七十年代司法职业界组织化和政治化进程具有很大的相似性和可比性，我们也会对意大利、美国、比利时和德国等国的情况加以考虑。在上述国家中，我们也可以看出 20 世纪 60 年代末以来各种与法律从业者政治化有关的事件的影响与后果[1]，不同背景下每个案例背后所特有的社会历史动力所具有的重要性也因此凸显出来。

比如，美国民权斗争的领先性对美国政治学家斯图亚特·施因古尔德（Stuart Scheingold）所称、为众人所信奉的"权利神话"（myth of right）[2] 之形成起到了强化作用。20 世纪 50 年代美国最高法院所做出的诸多进步性的司法决定巩固了美国宪法所体现的注重权利的政治观，就像"水门事件"以另一种方式表示其效应一样，这些决定在一个进步化的远景中使司法独立和司法的政治有益性的这个观念更具正当化。施因古尔德强调，诸多元素都使人相信法律具有促进改革的力量这个神话，尽管法律仍是很不平等且倾向于维持现状的，但是这一神话还是应该得到认真研究，因为它使某些建立在法律基础上的新社会动员运动成为可能。施因古尔德对律师在为权利而斗争的过程中所发挥的作用十分关注，他同时还区分了传统律师、像拉尔夫·纳

---

[1] 意大利和北美的案件请参阅下列文章：Maria Malastesta, "Les juristes italiens et le 'Long Mai 68'"，还有 Thomas Hibink, "Radicalisme, pratique juridique et doctrine dans les années 1960 aux États-Unis", *Droit et cultures*, 56, 2008。

[2] Stuart Scheingold, *The Politics of Rights. Lawyers, Public Policy, and Political Change*, Anne Arbor (Mich.), University of Michigan Press, 2004（1ʳᵉ éd. 1974）.

德（Ralph Nader）那样创建保护消费者权益运动的创新律师和像为黑豹党人（Black Panthers）进行辩护的律师们那样的激进律师，这也勾勒了 30 年后他和萨拉特（Austin Sarat）共同进行的研究思路的雏形。这两位学者在一套创新性的研究运动中脱颖而出，这一运动就是"事业律师"（cause lawyering）运动。

事业律师（cause lawyering）的研究对于研究法律的抗争参与方式十分有用。它既有用经验方式描述 20 世纪 60 年代出现的新的司法参与形式轮廓的意愿，也有从多样化角度对办案律师或者更加泛化地说对所有法律专业人士的参与加以研究的理论目标。在这一角度上看，"事业律师"是一个用来表示用共同的概念集合大量与这些变化有关的词汇和意义而组合出来的英文词。民权律师、公益律师、女权律师等集合在全国律师协会（National Lawyers Guild）中的美国左派律师们在萨拉特和施因古尔德看来似乎是同一类人，这有助于描述植根于法律的律师行业之特殊性，这种特殊性则源自为一个或多个特殊案件进行辩护的意愿。那么，除了"事业律师"这个词所涉及的经验论领域、方法论问题和各种不同的理论学说所呈现的多样性之外①，事业律师模式还提出了一种法律政治动员的新方法。它既要考虑法律活动的具体特点，又要建立在以事业律师为主体的模式

---

① Austin Sarat et Stuart A. Scheingold (eds), *Cause Lawyering: Political Commitments and Professional Responsibilities*, Oxford/New York, Oxford University Press, 1998; *Cause Lawyering and the State in a Global Era*, Oxford/New York, Oxford University Press, 2001; *The Worlds Cause Lawyers Make. Structure and Agency in Legal Practice*, Stanford, Stanford University Press, 2005; *Cause Lawyering and Social Movements*, Stanford, Stanford University Press, 2006; *The Cultural Lives of Cause Lawyers*, Cambridge-New York, Cambridge University Press, 2008.

之上，该模式并不事先假定律师职业和这类或那类参与之间的关系（这与卡尔皮克和哈里戴模式不同），这样就给在法律实践和职业生涯的社会学分析中由于法律的政治参与而产生的矛盾找到了出路。

事业律师队伍中都有谁呢？由于事业律师参与的政治领域已经多样化，所以他们既不属于某个特定的国家，也不限于某类真正特定的诉讼。事业律师中有反对死刑的美国律师、为贝都因人提供辩护的以色列律师、关注劳动法问题的法国律师、为无合法身份者代言的英国律师、关注离婚问题的美国女权主义律师、依靠法律斗争的环保主义律师以及提倡保护动物权利的法律界人士等。事业律师运动已经不再局限于一个行动主题、一个国家或一种行为，将不同背景下的法律专业人士团结在一起的正是他们所要共同面对的全部矛盾和悖论。很多集体论文集对上述矛盾与悖论都进行过研究，这使事业律师运动产生了深远的意义和影响。

事业律师运动的第一个特点是专业身份和政治身份之间的矛盾：由于事业律师们已经成为自己要保护的各种权利的具体体现者，所以他们往往非常有名，经常抛头露面，同时也往往会被他们的同行批评为缺乏中立性，同行们会认为事业律师的工作方式有可能会损害整个行业，等等。

第二个特点是事业律师与国家之间所存在的特别关系。对他们而言，国家往往是他们的主要对手，因为他们所支持的大部分斗争或是争取新的权利，或是对现有政策（比如有关安全、移民、获得公共服务的政策）进行抗争。同时，由于其行动是建立在体现国家意志的法律基础之上的，是处在司法体系仍然主要是由国家机构组成的制度之下的，所以以法律为基础进行各种抗争就意味着将自己纳入这种司法体系中，那么其对话者自然而然就是公权机关，这就等于承认了这些公权机关的正当性。

事业律师运动的第三个特点同时也是其构成性矛盾，就是这些律师参与他们所辩护案件的建构方式，他们所面对的各种限制条件（现行法律标准、现行体制和社会性制约条件）和依靠他们的专有技能展开工作的可能性。

最后，各种社会运动的积极行动人士之间的有机联系形成一条线索，它有助于理解法律专业人士在其参与的斗争中是如何行动的，找到他们在从某一特定法律领域的专家型积极参与者到相对独立于某一运动、仅将该运动视为其某一特别客户的律师这个连续体中的位置。

专栏 9. 南美事业律师运动一例

在名为《事业律师与集体正义——以阿根廷集体申诉为例》（Cause Lawyering et Justice Collective. L'exemple de l'Amparo colectivo en Argentine）① 的文章中，学者史蒂夫·梅里（Steve Meili）研究了一件新的法律工具在阿根廷的使用情况，这件法律工具就是与美国的集体诉讼（class action）相当的集体申诉（amparo colectivo），它使在某些情况下一个自认为受到损害的群体可以凝聚在同一个集体申诉的旗帜下。尽管阿根廷的事业律师们通过在多次斗争中运用集体申诉使其持续存在，但是他们是在对国家的包容性政治视角下，

---

① Steve Meili, "Cause Lawyering et Justice Collective. L'exemple de l'Amparo Colectivo en Argentine", *Droit et société*, 55 (3), 2003.

而不是在颠覆性政治视角下去从事这项事业的。

该文引起了对事业律师们用来建立和巩固国家的某些属性和他们自己的职业地位的手段的注意。首先，事业律师们通过集体申诉来参与集体权利的法制化过程。如果没有事业律师和其他各方的努力，新兴的集体权利文化就不会在阿根廷出现。其次，通过媒体和非政府组织的共同努力，人民团体、地方社团领导人、事业律师们在公众中培养对新近颁布的各项集体权利的公共意识，由此创造了其潜在当事人对他们的需求，而以前这些人都是竭力避免打官司并且几乎从来没有或极少找律师的人。最后，通过在集体申诉制度下提出集体诉讼，事业律师们也支持了法治国家和民主制度的巩固。即使一件案件不会以得到有利的司法判决告终，但是单单提起一项诉讼就已经可以使围绕案件的方方面面公开化并且使正式的法律过程正当化了。

该文还提出了上述每种建构形式都要经历的各种冲突，这些冲突既涉及事业律师本身，也涉及他们与他们所投身的事业的关系。比如，当事业律师行使其集体权利推进诸如非歧视权利、环境质量、消费者保护等事业时，彰显这些权利的法律载体（比如集体申诉）的发展和维护在事业律师们看来往往会成为比支持某一特定案件背后的事业更重要的目标。……当事人一般期待其具体问题获得切实解决，对他们而言，法治国家和民主制度是达到这一目的的手段；而在很多事业律师眼中，法治国家和民主制度才是目的，当事人的诉求则只是手段。

事业律师运动的研究基础尚无明确界限，所以，尽管它有助于将不同领域的众多学者凝聚起来，但这有时要付出理论基础上无序扩张和研究质量良莠不齐的代价。因此也出现了两种批判这一运动的声音。首先，事业律师［法语用的是"参与律师"（avocat engagé）概念］运动往往与一些激进的、"左派"的事业相关，这就提出了那些依托法律的反对运动是否也适用于同一框架的问题。尽管施因古尔德和萨拉特都倾向于给出肯定的回答（因为他们将福音传教运动或极右运动也纳入了他们的最新著作中），但这就要付出放弃提出关于进步事业和法律的各种用途之间特别结合形式理论的雄心的代价。其次，有批评意见认为研究事业律师的各种著作轻信了这些法律人士的自我表述，而忽视了他们作为新型积极行动人士的职业规划方式，因为他们的活动有可能被视为意在占领更大的法律服务市场份额的一种职业策略。布莱恩特·加斯（Bryant Garth）和伊夫·德扎雷（Yves Dezalay）都专门强调过这一点，并且介绍了美国律师、学者和外交官的各种国际法律策略，以及他们通过法律进行斗争和为了法律进行斗争（特别是在人权的旗帜下）[1] 等斗争范围的扩张所获得的各种回报。

　　事业律师运动有时会被视为过于雄心勃勃，或者正相反，过于幼稚，它的优势是提出了一个有助于思考案件及其辩护之间关系有何创新的研究框架，以便更好地说明"法律应该为事业做些什么以及事业应该为法律做些什么"[2] 的问题。作为对法律的政治用途的研究和关注案件辩护的各个集体行动理论中必

---

① Bryant Garth et Yves Dezalay, *La Mondialisation des guerres de palais*, Paris, Seuil, 2002.

② Brigitte Gaïti et Liora Israël, "Sur l'engagement du droit dans la construction des causes", dossier "La cause du droit", *Politix*, 62, 2003.

要的、但直至那时仍然缺位的一个环节，事业律师模式有助于彰显在法律专业人士和法律外行人士之间、在法律规范和政治口号之间、在社会运动和司法体制之间存在的建立在法律的政治策略或抗争策略基础之上的标志性矛盾关系。它因而也能够通过强调实践性的社会学调查不断对确定法律在政治动员和社会动员中（长期被忽视）的地位的各种方法进行更新。[①]

① 特别参阅 Hélène Michel, "Pour une sociologie des pratiques de défense: le recours au droit par les groupes d'intérêt", *Sociétés contemporaines*, 52, 2003。

第四章

法律：一项超越历史时期和超越
国界的权力？

如今，很多人都强调法律和司法在社会与政治研究中占据着重要地位，"法律化""司法化"等词被广泛使用就是明证。这些词的广泛使用表明社会科学对法律和司法的兴趣日浓，而它们在学术界之外的使用更使人体会到人们对司法体系本身和向司法体系表达诉求之新形式的关注与期待。在这些表达诉求的新形式中，社会学家阿克赛尔·霍内特（Axel Honneth）[1] 以更加一般化的方式提出的"获得承认的要求"具有决定性意义。法律与司法也是让·米歇尔·肖蒙（Jean Michel Chaumont）在他的一部备受争议的著作中所提出的受害者竞争（la concurrence des victimes）的重要参与方[2]，比如法国通过法令承认对亚美尼亚人大屠杀的存在(法国国民议会 2006 年 10 月 12 日通过决议)。得益于在司法程序中所获得的更高地位，受害者得以在公共空间享有比昔日更多的被接纳权。

---

[1]　Axel Honneth, *La Lutte pour la reconnaissance*, Paris, Le Cerf, 2000.

[2]　Jean-Michel Chaumont, *La Concurrence des victimes: génocide, identité, reconnaissance*, Paris, La Découverte, 2002.

求助法律和司法在上述背景下似乎承载着某些强烈的象征性较量逻辑：被受理权和寻求经济补偿似乎都体现出了一种新的经济认可之问世。从关于被掠夺的犹太人财产的争议到关于艾滋病病毒输血污染丑闻事件受害者的讨论表明，这种认可从来就不是仅仅依靠法律的强力主导。如此，法令的制定和法律的实施就介入了对政治角色与责任——常常是历史角色与责任——的建构形式和争议形式中，但是其介入方式还有待确定。民主转型期间或者更广义地说，在"各种过去的政治事务"（les politiques du passé）中［这里引用的是德国历史学家诺尔贝特·弗雷（Norbert Frei）的说法］，在为受害者、征服者、历史、记忆争取获得认可的各种斗争中，人们往往借助于司法途径，存在许多大体程度差不多的法律和司法共同介入的例证。

透过这些争议和较量，可以观察到一个横向综合性的问题，即当代法律与政治正当性之间的有机结合问题。正当性指的是法律和司法在政治层面上被赋予的有效（实施）领域。恰恰在此领域，法律的效力越来越具有超越国家边界和超越时空坐标的能力。

法律的正当性

在对经典悲剧《安提戈涅》（Antigone，西方文学史上一个著名的悲剧）的各种解读中，有一种解读认为它体现了贯穿法律社会学的合法性与正当性之间的矛盾。对女主角安提戈涅而言，她应该知道是安葬她的兄长波吕尼刻斯（Polynice）使其灵魂得到安息更重要，还是遵守国王禁止下葬波吕尼刻斯的决定更重要。安提戈涅应该在道德或宗教法和城邦法之间做出抉择。

用法律语汇来说，就是要追问是否存在可以质疑现行法律的超验性原则，或者是要知道对于（已经确定的、可用的）人为法而言，是否有可能对立存在所谓的"自然"法，后者属于另一个领域（自然、道德、宗教等）的价值观。这正是合法性和正当性相遇时所引起的问题：在哪些情况下法律可以被视为正当的或不正当的？法律如不具正当性是否构成一个反对法律的充足理由？市民不服从运动就是这种思维，从梭罗（Thoreau，19世纪美国哲学家，主张废除奴隶制度，提出"市民不服从运动"概念）到转基因作物志愿清除者运动（faucheurs d'OGM）等都关注着有哪些理由可以证明拒绝屈从于人为法的规则具有正当性。[1]

但是，服从法律仍是当今社会的普遍准则。法律社会学的几个最丰富的研究脉络中有一个源自马克斯·韦伯，他对此领域的研究非常重要，尽管这一点很晚才在法国为人所认知。[2]马克斯·韦伯将政治现代性的特点归纳为：合法性是"目前"政治现代性中"最常见的正当性形式"。从这一角度看，服从法律并不意味着各方均抱有一个建立在更高基础之上的对法律秩序的信仰。服从法律意味着法律规则具有正当性，即法律规则的效力在韦伯所描述的现代社会中是不言而喻的。

如何理解法律规则会被各民主国家所接受呢？除了习惯和对各种禁忌的内化外，毫无疑问，按照卢梭的观点，是由于立法机构被认为是整体意志的委托者，立法机构产生于选举进程，

---

① Rafael Encinas de Munagorri, "Sources du droit en droit interne–la désobéissance civile : une source droit ?", *Revue trimestrielle de droit civil, 1*, janvier–mars 2005, p. 73–78.

② Max Weber, *Sociologie du droit*, Paris, PUF, 1986.

选举结果赋予当选人组成的立法机构以正当化。政治民主模式的建构通过投票方式产生立法者进而确定了立法机构内的多数，在当选人具有正当性原则上建立起了法令的正当性。[①] 在此视角下，不服从法律就意味着在某种程度上自食其言，比如人们有时会向反对制定某项立法的抗议活动提出质疑，认为后者所反对的正是民选议会产生法令的正当性。

如果法律兼具效力和民主正当性，那么如何才能与之抗争呢？除了前述内容已经给出的那些答案外，这个问题还有一个答案，那就是可以用其他的法律形式与之抗争。

这些其他的法律形式的第一个渊源是比法律更高的原则，比如宪法原则或国际条约或公约承认的国际准则，例如将案件诉至欧洲人权法院（CEDH）。此类诉求表明了法学界内在的冲突性：它并未质疑法律规则的正当性，而是打出了严格遵守法律规范和法律制度的位阶（或等级）次序这张牌。尽管用法律来反对法律的结果是放弃了对合法性之正当性的追究，而是相反，通过承认其正当性，就可以用内在法制原则之名义来抗争某一特定法律规则。然而这种做法也可能会受到一些限制。此外，这种抗争也蕴藏着可能会"失败"的风险，导致更高（司法）机构赋予被抗争的法律规则以正当化。甚至还有一个有利的司法决定并没有产生实际司法效果的情况（比如欧洲人权法院多次就法国的犯人关押条件对法国做出过判决）。

第二种法律抗争方式是依据各种不同的、被视为更高的正当性形式（溯史性、道德性、非歧视性等）之原则展开动员。

---

① Pierre Rosanvallon, *La Légitimité démocratique Impartialité, réflexivité, proximité*, Paris, Seuil, 2008.

比如北美各个土著族群可以用他们的祖产权来对抗森林开发公司和石油开发公司对他们的土地提出的要求。此类对抗可能用法律语汇表达出来，或更确切地说是用"多种"法律语汇谱系表达出来。此类援引更高位阶的原则对抗法律的做法在部分程度上融入了人为法（这让人想到前一种法律抗争方式）。二战结束以来，我们能够观察到法学家们所说的将所谓"自然"法原则融入人为法中的趋势，这首先表现为 1948 年联合国大会通过《世界人权宣言》后全球范围内对各项人权的广泛援引。我们所说的诸权利（采用复数形式）往往被法学家们描述为"主观权利"：就是用一种包括各项权利的前景——其中部分权利属于每一个人（这就是为什么使用"主观"一词）的观点来代替或补充将法律仅仅视为规则集合的观念。

二战后，这些权利趋于不断超越人权的最初领域；如今，一段时间过去了，人们已经提出了所谓第二代权利或实质权利（健康权、住房权、劳动权）的概念和更具集体性的、与过去的歧视现象相对应的第三代权利（特别是少数群体权利和性别平等权利）。此外，尽管这些主观权利中的某些权利已经像我们所说过的那样逐渐被纳入法律中，但是新的权利和享有某一权利的新的人群往往要通过斗争才能获得承认。再以美洲印第安人为例，20 世纪 70 年代，美洲印第安人在其他少数族群的积极行动影响下也被动员了起来，特别是 1969~1971 年他们以非暴力方式占领了阿尔卡特拉斯岛（Alcatraz），以此争取获得对其文化权利的承认。因此，对抗法律的斗争可以采用以法律之名义的方式或以权利之名义的方式，包括在司法领域之外。在一个承认人权的时代，这些斗争方式在诉求其权利的正当性之际，同时又反对通过某些政策会得以发展和被援引的法律，从而建立在一种脆弱的紧张关系之上。自相矛盾的是，对新权利的呼求活动有可能以非法形式表现出来，也许可能援引市民不合作运动原则来证明自己的正当性。此类活动的表述形式之特征就是前面加上一个"无"（sans-）[1]字的各类社会运动（例如：无房者、无证件者等——译者注）。具体到法国，人们往往选择与权利相关的具体领域名词：比如住房权（DAL），权利一字放在前面的做法凸显了他们对其同时具有排斥性和界定性法律秩序的悖论式执着。

如果说对权利日益增多的援引在今天是对援引法律单一维度正当性的超越和规避的话，那么这种规避在某种程度上是内在的，因为权利的概念本身就在依仗于司法范畴，即便需要强调这种司法范畴在某种意义上尚未完成。因此，这种规避的趋势是在整体上巩固了法律的正当性，很多研究显示，包括在那些不公正的国家政权内——甚至是在非民主体制国家中，这种法律正当性仍是很强大的，这是一个悖论。

用法律去抗争：会使不公正政权正当化吗？

将法律抗争和正当性问题以及更深层次的政治正当化问题不可分割地联系在一起的各种紧张关系往往处于未被人感受到或是视而不见的状态。特别是用法律抗争方式对抗一个人们认为不公正的政权或非民主的政权的结果有可能会产生正当化效应，以至于人们不但没有获得与该政权斗争的成功，反而助其

---

[1] Daniel Mouchard, "Une ressource ambivalente: les usages du répertoire par els mouvements des 'sans-'", *Mouvements*, 29, 2003-2004.

巩固了统治地位。①

专栏 10. 不情愿地使自己反对的政权正当化

　　一个幽灵，一个正当化的幽灵，在与非正义进行斗争的律师心中徘徊。那些致力于采用某一政权的法律为手段抗争该非正义政权的人有可能感觉到自己受到了玷污，因为他们使用了被他们所藐视的法令。这种玷污感在某些情况下足以使人难以忍受。但这可能并不是最坏的情况，在非正义体制中做出绝望的努力最终反而为这个政权脸上贴金，或者说反而助长了为自己所反对的恶行持续，这种对'不情愿地正当化'的担忧十分常见。不管怎么说，很多国家都会自吹其法治国家建设成果，只是有些国家这种自吹力度更为高调。……尽管正当化的风险有时比它所实际显示出来的要小，但是我们可以看到在某些非正义的背景下律师们的抗争有时确实可以使情况发生变化，所以我们还是应该不要沉溺于挫折和怀疑之中。此次研讨会的主题就是认真对待正当化之危险性的问题。

Stephen Ellman, introduction du "Symposium 'Lawyering in Repressive States'", *Law and Social Inquiry*, 20 (2), primetimes 1995, p. 340–341.

在这本由斯特凡·埃尔曼（S. Ellman）主编的研讨会文集

---

① Stephen Ellman (ed.), "Symposium 'Lawyering in Repressive States'", *Law and Social Inquiry*, 20 (2), printemps 1995.

内，学者们展示的都是以建立在比较和实证研究基础上撰写的论文，这些论文的内容涉及南非、约旦河西岸和被占领的加沙地带、巴西和阿根廷的专制体制、台湾地区的政体（在 20 世纪80 年代实现民主化之前）等，对上述每个研究主题中均有提及的使用法律与政权进行对抗的具体事例进行了分析，并且在分析中特别关注了律师的作用。学者们通过深入剖析每个案例对抗争与政权正当化之间不可分割的各种紧张关系和悖论进行更为细致的研究。

乔治·毕沙拉特（George E. Bisharat）在他的论文中探讨了20 世纪 90 年代之前在被占领土中的以色列法庭上律师为巴勒斯坦人提供辩护的作用问题。[①] 律师们在这些军事法庭或以色列最高法院的辩护活动能够在多大程度上使对这些领土的占领合法化乃至有助于以色列对这些领土的继续占领呢？另外，他们的参与对巴勒斯坦人有什么好处呢？人们会认为他们的参与会促进一个作为斗争对象的政权的正当化吗？毕沙拉特很清楚地意识到了评价成本与收益是否平衡的难度：用何种标准来测量非正义？非正义在多大程度上得到承认或解决？要从人道角度还是从政治角度看待这些诉讼？经过对上述诉讼的制度背景、法律背景、诉讼条件和核心问题进行仔细分析后，作者提出一个明智但复杂的结论。他并不认为这些以色列法庭的存在使巴勒斯坦人接受了以色列占领的合法性，同时，他也没有观察到本应在政治上共同引导诉讼走向的巴勒斯坦律师和以色列律师之间的真正的协调（例如拒绝进行有罪辩护的个人安排），但是

---

① Georges E. Bisharat, "Courting Justice? Legitimation in Lawyering Under Israeli Occupation", dans Stephen Ellman "Symposium 'Lawyering in Repressive State'", op. cit.

他还是认真注意到了在被研究的那个时期中求助法律的案件数量的增加。他认为这种数量增加的现象（将异议纳入法轨）可以在某个意义上来看，表明巴勒斯坦人对于被占领的现实以及他们对被占领状态下的法律秩序的某种适应（compliance），另外，为司法抗争留有位置的做法对以色列在外国和国内舆论中的形象也产生了积极的影响。但是，毕沙拉特并未得出在以色列军事法庭上捍卫巴勒斯坦人的利益不会产生结果的结论。

具体而言，在个人层面，某些巴勒斯坦人得到了并非特别重的刑罚，某些军事性决定被撤销（比如拆除定居点），某些人获得了实质性的补偿。在公众舆论层面，一些诉讼所产生的反响有助于让外界了解巴勒斯坦人的境遇和面对的问题，同时也有助于减轻他们所要承担的后果。最后在很大程度上，律师本人也成了司法动员活动中所面临的结构性困难和各种特设机构局限性的展示者，因为这些特设机构所提供的权利保障力度要远远低于以色列境内民事法庭所能够提供的权利保障力度。此外，毕沙拉特认为，正当化的成本与个体获得收益之间的比较是一种在虚拟物（通过拒绝求助法庭而产生的非正当化结果）与实在物（比如在审讯时使用酷刑、与家人保持联系、舆论可及性等方面的实际的改善）之间进行的比较，在这一意义上，这种比较一般会使人们认为获得的收益要大于所付出的代价。

上述案例有助于理解合法性和正当性的有机衔接问题在法律的政治动员研究中占据着什么样的核心位置。一方面，法律动员和使用司法工具使其参与者承认某种制度、承认该制度的法治国家地位（尽管存在被谴责的非正义现象）及其多元性特点（只要这个国家也向它的反对者提供获得司法的渠道），从而赋予该政权以正当化。另一方面，运用法律途径的这些运动也能够通过上述渠道获得自身的正当性：它们得以作为严肃的对话者出现，能够通过媒体报道来告知和动员大众，获得法律上的哪怕是局部的胜利（这种局部胜利亦可使当权者地位动摇）。从词源学的角度看，合法性和正当性是近义词，它们的意思都是与法令相符，韦伯的范式同时也提出在自由主义社会中存在将其中一个词置于另一个词之上的做法①，用法律去抗争就是政权的正当性被以对其合法性的名义加以质疑的自相矛盾的范例。然而，法律运用所间接产生的正当化效果与其非正当化效果一样都涉及双方。它们与相互承认的形式和由于进入司法范畴而产生冲突性的相对措辞委婉化有关。

某些运用司法的激进形式正是为了避免上述的交叉正当化，比如前面提到的在阿尔及利亚战争时期出现的决裂辩护。德国红色旅（Fraction armée rouge）的律师们在施达姆海姆（Stammheim）案件中将司法作为讲坛的运用方式也是同一种类型的尝试，该案件的研究者是多米尼克·林哈德（Dominique Linhardt）和弗雷德里克·奥德朗（Frédéric Audren）。通过拒绝向诉讼的形式部分屈从，通过挑衅法官和否定法官的权威，通过抓住所有机会设置障碍（例如让一名司法官被撤换），红色旅成员及其律师试图在一个结果已经预知的诉讼中创造出一个政治表达空间。但是，法庭也在不断适应着辩方的战斗性，直到最终做出了判决，这也证明了受到他们所质疑的法治国家之现实。②

即使是在非民主国家中，法律语言的社会化效应和政治冲

---

① Patrice Duran, article "Légitimité" dans *Encyclopédie philosophique universelle*, tome 2, *Les Nations philosophiques*, Paris, PUF, 1990.

② Frédéric Audren et Dominique Linhardt, "Un procès hors du commun ? Histoire d'une violence terroriste et de ses agents", *Annales HSC*, 5, 2008.

突司法化所产生的各项权利效应也能够导致更加深远的影响。这些效应可以在体制变革中和建立新政权的过程中发挥作用，就像毕沙拉特通过对被占领土的研究和对巴勒斯坦权力当局建立过程的研究中所展示的那样，或者像埃尔曼在他的关于南非废除种族隔离制度的研究著作中所展示的那样。因为，如果说法律会在某个时刻在合法性与正当性间的紧张关系中占据核心位置的话，那么这个时刻就是政治变迁或体制变革的时刻。在此期间，主要涉及两种方式：一是选择新的法律形式，即建立或重建新的合法性；二是选择对昔日旧制度之罪行负责人可能的审判形式。在此方面，二次世界大战之后一切都改变了。

法律与政治转型：以二战为转折点

无论是为某一案件辩护还是支持某项诉求抑或是抗争业已建立起来的政权，法律均可被不同类型的主体所运用，并且会产生在很大程度上取决于将法律和正当权力的行使紧密结合之程度的效果，尽管这种效果并不总是容易预测到。无论法律与权力联合还是与权力抗争，通过法律进行斗争在很大程度上都是一场关于权力正当性和关于该权力能否获得承认的斗争。因此，法律也处于在国家形式发生变化时所出现的各种争议中的核心位置，特别是在一次世界战争、大危机、占领或推翻某一政权之后一个新的政权建立并替代前者之际。尽管世界历史中杂乱堆积着很多因为现行法律和司法实践的改变而导致政权更迭从而建立新的政治秩序的先例，但是毫无疑问，直到二次世界大战，这种现象才引起国家行为体以及学者们进行深入思考和分析的兴趣。

尽管一战结束后的一段时期内已经出现了相关讨论和一些创新性实践（设立确定挑起战争责任的专家委员会、占领后的赔偿、战争法的发展、成立国际联盟），但是，毋庸置疑，二战结束后上述问题才真正占据了具有决定性的重要位置。问题的复杂性及其解决方式的多样性，以及法学家与社会学家的敏锐关注都无疑促进了对把法律视为一个维护和平因素、一种被胜利者操纵的武器，又是一个社会和政治体系全新规则之体现者这种观念的革新方式。

　　人们往往把国际刑事法律的渊源上溯至二战结束之后，特别是纽伦堡和东京两大审判。但是，在审判前和审判后，战争本身作为一个具有启示意义的事件也引起了关于如何解释法律的影响力范围的讨论与争论。就对冲突本身而言，我们可以指出法国的法学家、律师、司法官和法学教授是如何意识到既存在对抗表面上合法的法律（维希政权的法律）的可能性，又存在通过颠覆某些机构——特别是司法机构——所开辟的可能性。这样，法律抵抗运动就有可能通过在社会中散布抵抗组织的口号和逐渐揭示法律专业人士所面对的自由操作空间而逐渐形成。① 二战时期法国的司法抵抗运动就是法律可能会具有出乎意料的政治影响力的良好范例，这是通过对十几名法律从业者（尽管他们为数不多）的职业轨迹和参与行为加以研究后得出的结论，他们当时经常以法律的名义捍卫和从事被（当局）界定为非法的活动。在这个特殊历史背景之上，这一范例对于提出一个在战后法律讨论中经常会被提出的问题也很有意义，即在

---

① Liora Israël, *Robes noires, années sombres. Avocats et magistrats en résistance pendant la Seconde guerre mondiale*, Paris, Fayard, 2005.

多大程度上，法律或法律从业者在接受（或抗争）一个极不公平的政权（比如纳粹政权及其同伙）时发挥作用？是否应该从中归纳出理想的法律应该具有何种性质的结论呢？

二战的一个后果就是引发了人们对法律作为预防或威慑武器之能力的反思：为什么德国法律没有起到这一作用？在何种状况下，有必要创造新的法律形式？在上述讨论中最为著名的也是最具代表性的例子是德国法学家古斯塔夫·拉德布鲁赫（Gustav Radbruch）所研究的案例。他是社会民主党人，曾在魏玛共和国时期担任司法部长。二战前他主张法律实证主义。二战后，他研究了实证主义是以何种方式导致法律从业者在纳粹主义的崛起面前失去了抵抗力，同时，他还提出应该对那些因为法律不再公正而使其失去效力的情况加以研究。在论述往往被称为战后自然法复兴现象时，拉德布鲁赫的这种观念"转变"常常被别人夸大，这种"转变"也成为1958年两位著名的美国教授在《哈佛法律评论》杂志（*Harvard Law Review*）上关于对纳粹法律的诠释方式和在纳粹制度下所犯罪行的评判方式的辩论焦点。这场旷日持久的争论发生在哈特（H.L.A. Hart）与富勒（Lon Fuller）之间，前者是法律实证主义者，他坚持将法律与道德加以区分，后者则主张法律的内在道德性，其争论结果是两位法学家在有必要在某些情况下用溯及既往的法律来判处在过去政权中是"合法"的罪行上达成了相对共识，而在是否在法律中纳入警告机制来避免历史悲剧重演的议题上，双方辩论一直长期持续进行。类似争论也发生在法国法学教授罗查克（Danièle Lochak）和托拜（Michel Troper）之间，他们争论的内容是法律从业者在接受维希政权的新的极不公平的法律过程中如何解释法律实证主义的作用：我们是从中能够看到罗莎克所说的某种实证主义的"霉运",还是从中看到托拜所认为的对纳粹法律的使用使实证主义完全与汉斯·凯尔森（Hans Kelsen）在提出现代实证主义的基础时所意指的实证主义完全相异呢？①

二战中那些政权所犯下的暴行——它们表面上往往具有合法性且依靠与他们之前政权无二的行政和司法制度——也因而使人们提出了法律在惩处和预防此类犯罪方面的能力问题。首先，从惩处方面看，溯及既往问题是道德和法律上的新窘境表现的最突出的问题：是否应该使用与法律溯及既往基本原则相悖的法令？在法国，关于这一问题的争议也十分热烈，但是溯及既往原则最终还是被采纳了，因为这样才能惩处那些与纳粹合作的政治行为，这种惩处是通过剥夺公民权的刑罚来处罚那些被认为是在战时充当法奸的人。② 但是，除了某些范围有限的新罪名之外，大部分清算行为是建立在至少在形式上遵守不溯及既往原则的基础之上的。学者纪尧姆·穆拉利斯（Guillaume Mouralis）认为，德国的例子有助于强调某种"重新诠释的实证主义"，前提是在德国提起的以处罚纳粹罪犯为目的的追诉在形式上是以 1871 年该国《刑法典》为基础的："按照联邦司法院的说法，纳粹时期的司法官们由于没有正确地解释当时有效的

---

① 关于这些辩论，请参阅 Liora Israël et Guillaume Mouralis, "Les magistrats, le droit positif et la morale. Usages sociaux du naturalisme et du positivisme juridiques dans la France de Vichy et en Allemagne depuis 1945", dans Liora Israël, Guillaume Sacriste, Antoine Vauchez et Laurent Willemez (dir.), *Sur la portée sociale du droit. Usages et légitimité du registre juridique*, Paris, PUF-Curapp, 2005。

② Anne Simonin, *Le Déshonneur dans la République. Une histoire de l'indignité*, Paris, Grasset, 2008.

刑事法律，应由联邦德国（RFA）在事后阐明什么才是对这一法律的'唯一'正确的解释"。[1] 此类在清算时期对人为法的重新解释行为也出现在反差很大的背景下：负责审判红色高棉犯罪行为的混合法庭根据 1948 年《防止及惩治灭绝种族罪公约》做出了种族灭绝罪的判决，根据日内瓦公约，同样也根据 1956 年的柬埔寨《刑法典》做出了反人类罪的判决。[2] 可见，这些由联合国的司法官和柬埔寨的司法官组成的混合法庭出于非溯及既往原则和捍卫主权原则除了采取源自纽伦堡国际审判的刑事法律，也采用了源自被审判政权之前之政权所确立的刑法。

在国际层面，纽伦堡国际军事法庭章程和东京远东国际军事法庭章程为现代国际刑事法律奠定了基础并且引入了诸多全新概念，其中最为著名的就是"反人类罪"的概念。一方面，设立新的法院和确立新的原则强化了国际法的惩罚性；另一方面，战争中的残暴行为也使保证人之为人的保障措施被纳入人为法中，其表现形式就是 1948 年 12 月 10 日由诞生不久的联合国成员国所通过的《世界人权宣言》。

二战的经历在司法讨论中表现为看待法律的全新视角，即从法律的政治效果角度看待法律，这一全新视角既涉及法律对过去罪行加以惩处之能力，也涉及（人们希望如此）预防出现新的残暴罪行之能力。国际法的演变中，这两个突出且不可分割的方向一方面标志着国际法进入了新的时代，即人权时代；另一方面也标志着走出危机、战争和专政背景的司法组织方式

---

① Liora Israël et Guillaume Mouralis, "Les magistrats, le droit positif et la morale", art. cité, p. 72.

② 柬埔寨当时是法国的一个保护国。

也在日益增多。从政治斗争的角度看，对人权的日益重视和惩处旧政权或个人所犯下的罪行的司法救助手段的同步增加表现为处理上诉时效性的颠覆（溯及既往原则）和为新辩论所推动的人权事务斗争的国际化。

法律：一种溯及既往的政治武器？

新的法律形式及其运用所导致的时效性变化问题与第二项法律创新（提出反人类罪行概念）相关：即法律的不受时效约束性。法国是在 1964 年清算二战罪行 20 年追诉时效行将到期之际提出这个不受时效约束性问题的，这使在所谓"二次清算"中提起大量诉讼成为可能，而对这些诉讼的审理直到巴比（Barbie）案（1987 年）、图维耶（Touvier）案（1994 年）和帕蓬（Papon）案（1996 年）才告终结（上述三人均为二战期间为纳粹德国占领当局效力、犯有严重罪行的法奸，战后长期逃脱司法追究——译者注）。这些诉讼案件也恰好与学界成功地将"集体记忆"概念作为一个研究主题再次提出的时间相吻合。"集体记忆"概念由死于纳粹集中营的法国社会学家莫里斯·霍布瓦克（Maurice Halbwachs）[1] 所提出。这个概念为一些人物（律师、集中营受难者的后代、自学成才的史学家塞尔日·克拉斯菲尔德等）所推动，与此相关的史类书籍——特别是亨利·鲁索（Henry Rousso）的两本重要著作《维希，过不去的过去》（*Vichy, un passé qui ne passe pas*）和《维希综合征》（*Le*

---

[1]　Maurice Halbwachs, *La Mémoire collective* (édition critique par Gérard Namer), Paris, Albin Michel, 1997.

Syndrome de Vichy）[①] 当时都获得了巨大的成功，其所提出的对二战的记忆和判决反映在书籍中、体现在法庭上，再次向社会提出了诸多问题。

我们可将其分为两类。

第一类问题再次涉及司法时效性问题：在帕蓬案中，司法官、律师、陪审团成员都很年轻，都不是与被审判的旧政权者处于同一时代的人。因此，虽然被告人与被审判的犯罪事实处在同一时期，并且在后来曾经担任过国家公职（帕蓬不仅在二战后逃脱司法追究，而且在戴高乐时期还得到升迁，出任法国警界要职。——译者注），但是历史学家们还是被请来出庭解读犯罪事实的历史背景，这种做法当时不无争议。

第二类问题是，作为对记忆或对历史的诉讼案，上述第二波反人类罪诉讼案也提出了司法的意义问题：无论司法是被用于承认受害者的苦难还是被用于重新确定法国权力当局的责任（1995 年希拉克总统表示法国应当对此承担真正的责任），第二波清算都不应像第一波清算那样被认为是获胜者的司法正义。反之，它所彰显的是建构在被司法机构所承认的记忆事项中之前沿位置上，法律的政治意义——与其以前任何时期相比——是多么重要。而司法机构从来都是远离这类考虑的。

以法律为武器为获得对过去罪行的承认而斗争因而成为一个新的斗争领域和争论焦点，特别是面对其他群体所提出的承认他们所受苦难的诉求之际。除了这种对历史的新的司法界定外，法律在历史表述中的印记也日益增多，这表现为种类繁多

---

① Henry Rousso et Éric Conan, Vichy, un passé qui ne passé pas, Paris, Fayard, 1994; Henry Rousso, *Le Syndrome de Vichy*, 1944–198···, Paris, Seuil, 1987.

的对历史描述与历史教育的限制性规定。这些法令引起了很多高举"史学自由"旗帜的著名史学家的愤怒。①"史学自由"是一份请愿书的标题，这份请愿书表达了他们反对打击历史否定主义的盖索（Gayssot）法、反对承认亚美尼亚大屠杀的法令、反对承认奴隶制度是反人类罪的托比拉（Taubira）法的立场，特别是反对2005年2月23日法令的第四条。该条款当时激起了学术界的一致反对，因为它规定学校教学大纲要"特别承认法国在海外存在的积极作用，特别是在北非"，这一内容最终被希拉克总统撤销。

从犯罪到对罪行的审判，从历史到记忆，从对犯罪做出判决到书写历史，从对历史的理解到历史教学，从历史受害者的地位到对某些人物脱离背景的英雄化［最近一个例子是居伊·莫凯（Guy Môquet）］②，对二战历史和后来的其他战争或群体犯罪的管理表现出各种社会和政治紧张关系，反映在法律武器、司法角逐和司法体系内部的使用过程中。在这样的历史背景下，法律在一种新型斗争中得以运用，这种新型斗争所承载的角逐首先具有象征性和高度敏感性，从而也表明了政务在司法领域的诸多不确定性，以及在弘扬人权时代之际，历史管理方式的重构局面。

上述内容是以法国为例，其实这种演变在其他国家也在发

---

① Jean-Pierre Azéma, Elisabeth Badinter, Jean-Jacques Becker, François Chadernagor, Alain Decaux, Marc Ferro, Jacques Julliard, Jean Leclant, Pierre Milza, Pierre Nora, Mona Ozouf, Jean-Claude Perrot, Antoine Prost, René Rémond, Maurice Vaïsse, Jean-Pierre Vernant, Paul Veyne, Pierre Vidal-Naquet et Michel Winock.

② 居伊·莫凯是一位年轻的共产主义者，他于1941年被纳粹作为人质枪杀。尼古拉·萨科齐在就任总统当天宣称每所法国高中的学生均应阅读居伊·莫凯在临刑前写给家人的绝笔信。引起争议后，这一做法没有推行下去。

生。法律对二战历史及其记忆加以管理可表现为相互对立的形式，比如统一之前的两德，或者以色列。但是，在 20 世纪中叶的历史转折之际，20 世纪最后 25 年对二战历史和记忆的管理以及实施相关法规的政治过程也大量增加。被人们通称为"民主转型"的现象指的是某些前东方阵营国家放弃共产主义体系，原独裁或专制国家的政体民主化（阿根廷、智利、西班牙、葡萄牙），以及一个特殊悲剧的终结（南非种族隔离制度），民主转型过程中各国对自己的历史过往采取了不尽相同的处理方式，并以几种方式对前领导人及其当政时期所犯罪行加以调查和惩处。转型政府或新政权的政府所选择的解决方案因而千差万别。南非设立了基于公开承认和倡导宽恕的"真相与和解"委员会，采取让当事人公开认罪谋求原谅的做法，只有冲突性很强的案例情况才会求助司法途径。[1] 由于政治精英层更新程度不同，前东方阵营国家清算过去的做法也各不相同，比如最近在波兰就有引发争论的"除垢法令"（la loi de lustration）。而在实现渐进式转型的西班牙，几年前才刚刚开始提出承认 20 世纪 30 年代内战受害者问题，这意味着在内战结束 70 年后，西班牙终于开启了新的司法前景历程。[2]

国际刑事法律：一个威慑性武器？

一方面是在焦点争议和当前紧张关系中，通过各种司法形

---

[1] 关于更加深入的对智利和阿根廷的对比研究，请参阅 Sandrine Lefranc, Politiques du pardon, Paris, PUF, coll. "Fondements de la politique"，2002。

[2] Danielle Rozenberg (dir.), "La mémoire retrouvée. 1975–2002", *Matériaux pour l'histoire de notre temps*, 70, BDIC, avril–juin 2003.

式，那些历史罪行得以再现被审；另一方面是随着当代种族灭绝现象的再次出现——特别是在前南斯拉夫地区和卢旺达——真正的国际民事法庭的制度化进程在加快。各个国际民事法庭或是由联合国倡导设立，或是依据某些国家的国内立法设立，作为拥有司法普遍管辖权的情况，国际民事法庭的设立开启了法律与司法动员的国际化。因此，针对某些政权及其领导人的司法抗争舞台在时间和空间上都得以拓展，跨国积极行动主义的创新形式不断产生，其中最典型的例子当然就是人权观察组织（Human Rights Watch）以及其他一些历史更长的组织（国际人权联盟，FIDH 和大赦国际，Amnesty International）。

专栏 11. 国际司法困难重重：卢旺达问题国际刑事法庭

卢旺达问题国际刑事法庭（法文缩写 TPIR，英文缩写 ICTR）设在坦桑尼亚北部城市阿鲁沙（Arusha），是联合国的两个专门法庭之一。在这里进行审判活动的依据是 1994 年 11 月联合国安理会通过的一项决议，被审判人均为被怀疑在该国 1994 年对图西族和胡图族温和人士进行的大屠杀中起过重要作用的嫌疑人。他们有的在国外被捕后被引渡，有的自行从他们所逃往的邻国前往法庭自首。他们获罪的原因是他们在大屠杀发生时所承担的政治责任、军事责任和民事责任：这些嫌疑人中有部长、市长、警察局长、卢旺达军队或宪兵军官，也有歌唱演员和重要媒体的负责人。

正如其宗旨所言，卢旺达问题国际刑事法庭的设立具体体现了国际刑事法律"追诉逍遥法外者"的目标。重大罪行、大屠杀、反人类罪、违反日内瓦公约的罪行都会以全人类的名义被一个国际司法机构追诉，所以，卢旺达问题国际刑事法庭就像其姊妹机构——海牙前南斯拉夫国际法庭（TPIY）——一样，表达着国际法内的普遍人道期望。得益于联合国安理会的授权，正义在此得到伸张。卢旺达问题国际刑事法庭的直接工作人员约 1000 人，其中 600 人是国际职员，包括二十余名法官。联合国 1995~2007 年拨付给该法庭的经费超过 10 亿美元。① 但是，在今天，有谁还知道有过这样一个法庭的存在呢，谁又知道它做出了什么样的判决呢？尽管法国的全国性大报有时能够报道主要诉讼案件的判决，但极少有记者会亲身前往阿鲁沙采访报道。然而，在海牙前南国际刑事法庭的诉讼则经常会在电视上转播并且会受到广泛关注，即使这是为了质疑前南国际法庭，而卢旺达人对设在阿鲁沙的卢旺达国际刑事法庭做出的裁决却往往知之甚少，这与卢旺达现政权与卢旺达问题国际刑事法庭之间的紧张关系有关（因为该法庭的存在被认为既侵犯了卢旺达主权，又构成对卢旺达司法体系的某种批评）。② 而这一机构的宗旨被认为是促进卢旺达人民的和解。此外，不包含民事部分的诉讼程序也显得很奇怪，因为它忽略了受害者③，那些大屠杀中的幸存者只能

---

① 来源："ICTR Facts", brochure officielle distribuée par le TRIP, 2007。

② 请参阅 2008 年 5 月 31 日《世界报》（*Le Monde*）刊发 Philippe Bernard 的文章，"Le tribunal de l'ONU exprime sa défiance à l'égard du régime rwandais"（联合国法庭对卢旺达政府表示不信任），该文报道了在卢旺达提出引渡一名关押在阿鲁沙的卢旺达人被卢旺达国际刑事法庭拒绝后，该法庭对卢旺达司法的种种批评。

③ 需要注意的是，设在海牙的国际刑事法院在这一点上有别于卢旺达问题国际刑事法庭和前南问题国际刑事法庭。

在诉讼中作为证人出庭。

程序上的限制、诉讼各方的各种策略（其中包括辩方经常使用的阻挠手段）和案卷的复杂性交织在一起使阿鲁沙所判决的案件的曝光度较低，阿鲁沙这座小城也与国际政治和国际媒体相距甚远。尽管卢旺达问题国际刑事法庭中有国际司法人员（来自 85 个国家的联合国职员），尽管它肩负着安理会所确定的国际任务，彰显着国际法所承载的雄心，但是卢旺达国际刑事法庭同时也是一个相对孤立的、鲜为人知的、运行缓慢的和机制复杂的机构，所以其意义和影响不易明确界定。

在法国"La vie des idées"网站（www.laviedesidees.fr）上所发布的全文。

法律抗争方式的国际化同样引人瞩目，这为在各国从事揭露批判侵犯人权现象活动的律师们开创了获得承认与支持的新机会。2003 年诺贝尔和平奖得主、伊朗女律师爱巴迪（Chirine Ebadi）是获得外部世界承认的人权卫士，但在当地却受到刁难甚至迫害。

在国际层面用来处罚侵犯"人道"① 权利的法律定义多种多样，这也为利用各国和国际上各种司法机构的差异而建构复杂的司法战略创造了机会。

这些机会也被非政府组织使用，比如大赦国际在皮诺切特

---

① 英语的"人道主义法"（humanitarian law）实际上指的是战争法，所以借用英语的说法，用法语表达"droit humanitaire"有可能引起混淆。

案中就发挥着核心作用。1996年，在纪念纽伦堡审判结束50周年的一次大型研讨会上，非政府组织在两位比利时参议员的力挺下成为普遍司法管辖权的代言人，即一国有可能追诉某些罪行的始作俑者，无论罪行发生的地点和犯罪嫌疑人或被害人的国籍。以这种最新形式展开的皮诺切特案也是同年的事，这已经是他在独裁时期犯下主要罪行20多年以后了。围绕着司法管辖权，当时也有着激烈的争议，从1996年西班牙为本国受害者提起诉讼，到比利时法庭和西班牙法庭均以普遍司法管辖权为由主张各自的管辖权，再到它们与智利和英国的对抗——因为智利和英国最初认为皮诺切特是受议员豁免权保护的。[①] 尽管全新的"普遍司法管辖权"理念时常造成外交关系紧张和法律上的问题，但是1993年比利时已经通过一条法令将其纳入法律之中[②]，后来加拿大和西班牙也分别于2000年和2005年进行了相关立法规范，这样，以共同人类作为唯一基础而提出新的诉讼去追诉过去的罪行成为可能，尽管其过程仍然非常复杂。体现普遍司法管辖权的国际刑事司法机构（前南国际法庭、卢旺达问题国际刑事法庭以及后来成立的国际刑事法院）[③]都是建立在超越国界和超越时间性惩罚逍遥法外者的理念之上的。但是，主张普遍司法管辖权的都是一些力量较弱的机构，具体实施这些原则也因此成为争议的焦点。

人们对国际刑事法律的最新发展所做出的评价也泾渭分明。

---

① Julien Séroussi, *Les Tribunaux de l'humanité. Les ajustements cognitifs dans la mobilisation pour la compétence universelle des juges nationaux*, thèse de doctorat en sociologie, Université Paris-4, 2007.

② 该管辖权的范围在2003年被限定。

③ 国际刑事法院设于海牙，是根据2002年7月1日生效的《国际刑事法院罗马规约》创立的。

在新的法律原则与机制方面，人权时代显得比以前更具实在意义，因为在这个时代，人们拥有在国际层面上的各种工具、诉讼程序和法庭，去追究那些处理犯下非常严重罪行的罪犯，特别是其所在国家有可能提供保护或为之辩护的人。[①] 但是，在实践中，出于至少三方面的担心，人们对这些创新工具的意义持相对化的态度。

一是由于组织结构和原则确立方面的瑕疵，建立在其基础之上的法律远未完善，所以相关司法机构受到了诸多批评，比如对南方国家有失公允、工作成本过高却成效甚微、有可能被刽子手所利用（米洛舍维奇案）、对仍然进行中的严重犯罪活动的直接实施者和幕后主使难以构成真正威胁（就像最近的历史所显示的那样）。

二是像波斯尼亚这样有限的例子。学者伊丽莎白·克拉沃里（Élisabeth Claverie）在那里所观察到的案例表明，有可能受到追诉的某些犯罪人不是放弃实施其罪行，而是制定出一套逃避追诉的策略（比如把受害者的尸体堆放点分散，以增加调查人员的调查难度）。[②]

三是，上述国际司法机构往往将注意力集中在出于意识形态和政治原因犯下的罪行，而没有能力去追诉与经济或环境问题有关的违法犯罪行为，这在某种程度上使那些在印度尼西亚、巴西和中国通过滥砍滥伐森林或修建超级大坝的行为正当化，

---

① Johanna Siméant, "L'enquête judiciaire face aux crises extrêmes: modèles d'investigation, registres de la dénonciation et nouvelles arènes de défense des causes", *Critique internationale*, 36, juillet–septembre 2007.

② 关于这些正在进行中的研究，请参阅 Élisabeth Claverie, "Questions de qualifications, un mufti devant le TPIY", *Terrain*, 51, 2008。

使当事责任者逍遥法外，这导致了——以后还会继续导致——强制移民、农业资源丧失、生物多样性被破坏和气候变暖现象加重。

国际刑事法院的威慑性看起来也显得不足，因为它也受到自身职能不完善和人们对其期待过高的双重困扰。尽管它提供了可资惩治本世纪最为可怖之罪行始作俑者的全新斗争平台，但是将某一案件诉至国际刑事法院仍然困难重重，因为其管辖权仍然有限且自相矛盾，同时还容易受到来自各国的政治压力，所以它还不是一个真正独立的国际司法权力机构。前南国际法庭诉女记者哈特曼（F. Hartmann）案就是国际刑事法院在国际压力和外交交易面前呈现脆弱性的明证。哈特曼在 2009 年 6 月被该法院提起诉讼并被判刑，因为她在一本书中讲述了她为前南国际法庭女检察官卡尔拉·德尔·彭特（Carla del Ponte）担任发言人的经历，书中披露了在米洛舍维奇案中没有被使用的一些证据的存在。她说，这些证据在法国、美国和英国的压力下被保密了，以避免这些国家在斯布雷尼察陷落（导致了塞族武装随后进行的集体屠杀行为）过程中所扮演的角色以及这些国家领导人与前塞尔维亚领导人的长期亲近关系被揭露出来。对女记者哈特曼的审判案引起了众多记者与学者的愤怒，暴露出这一司法形式独立性在面对某几个大国时的脆弱性，而这些国家却恰恰是通过联合国体系保障和推动国际刑事法院发展的行为体。

法律与司法一是通过共同参考标准的普及，二是通过国际司法机构或超国家司法机构数量的增加实现了部分程度的国际化，法律与司法作为武器已经在时间性和涉及范围上大大拓展了，尤其是在大规模犯罪领域。但是，上面这些新的司法角力场在司法为政治所用时所要经常面对的那些批评面前也未能幸免，它们在公平性、正当性方面受到批评，人们对判决结果表示不满，此外还有某些被害人及其辩护人的期待过高等问题。法律武器的操作因而变得繁重复杂，而且注定希望与失望并存。此外，这些法律武器也不适于与造成其他冲突和矛盾的根源性问题（特别是经济和环保领域）展开斗争。最后，2001 年"9·11"恐怖袭击后，反恐斗争的升级使一些对个人自由加以限制的措施正当化，加之阿富汗和伊拉克战端开启，人类离实现法律治下的和平世界梦又更远了一些。

结　论
法律规范大发展，法律斗争大爆发

标准的破裂与斗争的分化？

在政治斗争中运用法律也发生了变化，主要的演变有：受害者的地位在公共空间和司法领域（在某种程度上）日益提高；某些追诉行为跨国化；社会司法化论和政务司法化论——如果尚未进入实践的话——逐渐传播开来。上述变化似乎都表明法律和司法在规范社会关系方面占据日益重要的地位。但是，对上述变化的意义和影响范围如何评价尚存诸多变数。

除了前述各种记忆现象外，受害者地位日益提高还表现为新部门机制的设立，比如法国 2004~2005 年设立的昙花一现但影响深远的由尼科尔·盖吉（Nicole Guedj）担任的受害者权利事务国务秘书，再如将受害者一词用于支持某项运动（例如全国捍卫石棉受害者协会，Andeva），又如在刑事诉讼中要求损害赔偿的民事诉讼不断增加。刑事司法的作用也发生了变化。正如法学家普拉代勒（Géraud de la Pradelle）所言，"如今被害人处于刑事诉讼的核心位置，得益于他们富有感召力和贴近大众的表现，这些提起损害赔偿诉讼的被害人在刑事诉讼中占据了重要的地位，媒体也期待了解何种判决会令被害人满意。人们要求刑事司法而不是要求社会为被害人复仇，这样，人们就是在要求刑事司法发挥它在法律上本来没有但是在实际上又被人们要求发挥的作用。"[1]

爱弥儿·涂尔干在《社会分工论》(*De la division du travail social*)中提出了关于惩罚作用或者说关于司法作用的观点，上述与司法注重惩戒职能的程度增加相伴生的受害者地位的提高可以被视为一种倒退。涂尔干认为，惩治性法律所对应的社会是一个粗混社会，在这样的社会中，分工并不普遍，建立在人与人都是相似的这一现实的基础之上的是一种机械团结；与之相对应，在更为先进的社会中，与更具合作性法律所对应的是更细致的社会分工，是与人对各团体的归属感相关联的有机性互助共济。按此模式诠释，在这种社会中赋予受害者的优势地位并非像人们所宣称那样，说其司法是一种更贴近人的司法，而更多是在一个联系弱化的社会中出现的一种综合征的表现。在这个意义上看，注重为被害人复仇或抚慰被害人的诉讼机制实质上就掩盖了一个复杂社会中社会共济性正在逐渐丧失这一事实。法国刑事司法政策最近所发生的演变也确认了这一点：以受害者为中心同时也意味着将刑事司法的重心放在了惩治而非预防和重新融入社会上。这在最高当局多次强调累犯对于其被害人和被害人家庭而言是不可容忍的这种政治讲话中表现得更加清晰，也导致了对精神病患者和未成年人处罚力度的增加。

同时，强调受害者地位也为某些运动提供了新的动员机会，

---

[1] Aurélie de Andrade et Lilian Mathieu, "Le juge : dernier recours face aux questions de société? Dialogue entre Antoine Garapon et Géraud de la Pradelle", *Mouvements*, 29, 2003.

比如与石棉污染受害者有关的运动①，石棉受害者可以组成民事求偿方并且形成一个运动，运用司法斗争来表达自己的诉求。但是，这种新机会的出现也不能掩盖后来出现的使抗争运动运用法律更加困难的逆转趋势。这里要特别提到：法国已经宣布即将废除预审法官制度，这对直属司法部的检察院有利，因为检察院不太可能让此类"事件性案件"（affaires）继续发酵；法国对建立类似集体诉讼（class action）的制度仍持保留态度，而集体诉讼有助于在民事损害赔偿方面将控诉和司法策略集体化（特别是针对损害个人利益的企业）；对于能够在认知与劳动条件和社会关系紧张有关的集体问题时去政治化，引入（包括在法律中引入）广泛个体化的心理学或医学方法概念的做法（例如骚扰、紧张紊乱），法国也仍持保留态度。

尽管法国有关人士（特别是各种消费者协会）已多次提议引入集体诉讼，但是集体诉讼及其尚未转化为国家法的事实使人思考法律准则的流转和形成位阶（等级叠置的意思），在规范性竞争秩序里，这种流转和叠置是可以变成在用法律去抗争时的参考规范和行动杠杆的。除了我们前面已经提到过的国际刑事司法通过不受时效约束性和普遍司法管辖权等创新来消除时空限制外，通过法律和司法规范的竞争和叠置，有的司法斗争场所实现了跨国化，有的则被阻止了。积极行动主义的各种新形式希望像跨国公司那样达到自己的目标，因为跨国公司的营业额有时要高于很多国家一国的国内生产总值，跨国公司也能够超越环境、职工健康、税收、卫生标准等限制。但是跨国公司所享有的条件对传统的诉讼策略而言仍是遥不可及的，这使

---

① Emmanuel Henry, *Amiante: un scandale improbable. Sociologie d'un problème public*, Rennes, Presses universitaires de Rennes, 2007.

我们有必要在全球化的背景下不断关注对法律的抗争运用，后者试图根据法律类型和各国的管辖权相机行事，哪怕这有可能会让抗争组织付出高昂的投入代价。

如果说法律和经济的跨国化为占据优势地位的诉讼方开辟了前所未有的行动前景的话，那么，司法抗争的行为战略也倾向于与全球化相适应。不过这种竞争往往有利于掌握更多资源的行为体，比如各国政府和跨国公司。对于为外国人争取权利而发起的动员而言亦是如此。在法国，诸如吉斯提团体（Gisti）等协会组织多年前就明白了从欧洲层面以及从世界层面出发去进行思考和斗争的必要性，因为相应的，各国当局已经越来越多地在欧洲和世界层面上对外国人权利问题加以考虑了。2003年在佛罗伦萨举办的世界社会论坛上，在桑加特（Sangatte）难民营被媒体广泛报道的背景下创立的 Migreurop（欧洲移民）网络如今已有来自 10 个国家的 32 个组织会员，该网络在策划之初就是为应对移民政策欧洲化——甚至是应对欧方将移民及其控制问题外包给叙利亚和摩洛哥等欧洲邻国之做法——而设计的。但是，这种形式的积极行动主义遇到了一些困难：各个组织国际化程度较低、各自为战、相关国家间不甚透明的私下交易、形成国际层面上专业经验和斗争能力面临着各种物质困难。

政治行为体与经济行为体的国际化也相应地激发了同一国际层次上对用法律进行抗争实践开展的专业评定。随着诸如世界社会论坛等新的抗争资源的发展，国际化不仅仅是一种资源，而且也会显得成为一种必然。① 为各个抗争组织所启用的法律

---

① Isabelle Sommier, *Le Renouveau des mouvements contestataires à l'heure de la mondialisation*, Paris, Flammarion, 2003.

武器亦希望获得一个更大的国际影响力度，但是它们往往受必要投入不足和行动结果高度不确定制约。

影响法律或司法行动主义发展的另一个重要障碍是人们认为司法会"越来越多"地被他者为达到某些政治目的所利用，所以会采取在不同程度上的协调举措来限制司法行动主义的发展可能性。维奥莱娜·鲁塞尔认为，在当代社会科学中被广泛使用的"司法化"概念最初并不是一个科学概念。这个词在法国首先为一些政治家在政界使用，比如曾出任总理和外长的阿兰·朱佩（Alain Juppé）就使用这个词来批评他所认为的司法对政治界的过度干预。① 但是，与世人常识相反，对司法在公域和私域的作用被认为是日益增长且具有侵入性的指责往往是缺乏根据或夸大其词的。威廉·霍顿（William Haltom）和迈克尔·麦凯恩（Michael McCann）在他们的著作《对法律的扭曲：政治、媒体与诉讼危机》（*Distorting the Law. Politics, Media and the Litigation Crisis*）② 中做出了很好的证明。他们重点研究了那种认定美国社会中出现了日益频繁求助法庭的描述趋势，这种诉讼偏好在强化的同时还伴随着一些"出格"现象，比如超高额损失赔偿判决案例的增长，特别是在那些贪婪的律师为了获取更高比例的诉讼费用的尽力推动下。

正如戈兰特（Marc Galanter）在35年前所证明的那样，司法机构在以小对大的案件中极少会支持小方，特别是在双方一方是个人、一方是大企业的案件中。尽管如此，某些以小博大

---

① Violaine Roussel, "La judiciarisation du politique: réalités et faux-semblants", *Mouvements*, 29, septembre-octobre 2003.

② William Halton et Michael McCann, *Distorting the Law. Politics, Media and the Litigation Crisis*, Chicago (Ill.), The University of Chicago Press, 2004.

的案件还是已经闻名遐迩了。麦凯恩和霍顿用了很长的篇幅来分析在麦当劳买咖啡后因洒在膝盖上而被烫成三级烧伤的美国女孩的案件，美国法院判给了她巨额损害赔偿金。通过重现诸多发生在个人和大企业之间的类似司法案例及其在美国媒体中的反响，麦凯恩和霍顿用令人信服的方式展示了这些案例是如何被某些经济和政治精英所使用，以向有可能为消费者面对强势的经济利益团体时提供支持的法令提出质疑的。由此，他们证明，被描述为力量强大的、被诉讼淹没的司法系统所谓的危机实际上在很大程度上是一个被用于质疑公民各项权利的工具化建构物。反之，两位作者所采取的实证调查也显示了包括在曝光率颇高的医学界中也没有那么多的司法诉讼。根据1993年哈佛医学研究中心的研究结果，在100件医疗差错中，只有12件引起了诉讼，在6件造成受害人明显残疾的医疗事故中，只有一位受害者提起了诉讼。

麦凯恩和霍顿的研究表明，解读各种数字并非易事。某些领域诉讼的增加与法令的演变有关，与案耗（未到达庭审阶段即撤诉的案件数量）率的明显降低无关，而法庭也远非在大多数情况下都判原告胜诉。此外，损害赔偿的平均金额也并未大幅增加。上述事实已被诸多调查所证实，但是这与一些媒体上作为某种象征意义来反复宣讲的案例故事却是矛盾的。

正如麦凯恩和霍顿所证明的那样，求助司法的做法并未如人们所认为的那样真正地做到了民主化。其实在法国也是如此，法国求助劳动仲裁的人数并未像人们常说的那样增加①，而是呈

---

① 这一事实甚至在官方报告里都有所体现，比如2004年以此为依据提倡简化劳动法的著名的《维尔维勒报告》（rapport de Virville）。

下降趋势。^① 所以，上述数字并不能总是证明人们诉讼偏好的强化，但是关于诉诸司法的行为呈现"随意性"的说法被媒体和政界广泛使用，因为这有助于设立一些并不总能为涉诉人提供同样保障的替代性的司法解决方案（比如调解）。在美国民事责任法（tort law）的例证中，凸显某些非典型案件的做法可以掩盖法律和司法在可及性方面一直存在的事实不平等，还可以推动意在对参与此类诉讼的各种现存可能性进行限制的改革，特别是在消费者权利保护领域。这两位作者还确认了由埃贝尔、菲尔斯蒂纳（Felstiner）和萨拉特在 1980 年他们那篇关于纠纷变迁的著名文章中所提出的事实。三人当时就注意到只有很少的纠纷能够最终形成诉讼，故而得出结论"对（纠纷）变迁的研究使关于纠纷的几个最基本的政治判断之一出了问题——即纠纷过多了，或者说美国人是一个过于爱打官司的群体。……从纠纷变迁的角度看，社会中的冲突可能过少了……"^② 包括法律似乎更为完备的国家在内，走司法程序也不是一种顺理成章的第一选择。因此，必须要关注法律动员的社会条件或者反过来关注法律动员的无所作为，以便理解个人或集体在什么条件下才会动用司法工具。^③

尽管出于政治目的或社会目的动用法律武器在一定程度上

---

① Évelyne Serverin et Brigitte Munos-Perez, *Le Droit du travail en perspective contentieuse, 1993-2004*, rapport pour le ministère de la Justice, novembre 2005.

② William L. F. Felstiner, Richard L. Abel et Austin Sarat, "L'émergence et la transformation des litiges: réaliser, reprocher, réclamer…", *Politix*, 16 (4), 1991 (traduction de "The Emergence and Transformation of Disputes: Naming, Blaming, Claiming", *Law and Society Review*, 3-4, 1980-1981).

③ Jérôme Pélisse, "Judiciarisation ou juridicisation? Usages et réappropriation du droit dans les conflits du travail", *Politix*, 22 (86), 2009.

得到了发展，但是这个趋势又被一种想象"风险"所弱化，这个风险观源自对轻率和无节制地求助司法之后果的假设。右派和左派几乎异口同声地用媒体话语描述这种风险，其基调的建构是一些并不具有代表性的运用法律进行诉讼会遇到何种困难的案例，而这些案例被用来为不断强化设置障碍的行为正名，尽管远非引人注目，但设置障碍的目的却是阻止人们——特别是弱势群体——去采取司法途径方式。由于对法律武器的掌握程度原本就不平等，再加上对大量滥用法律现象的反复指摘，还有能促进大多数人使用法律的可及性政策缺位，可以说，很多法律武器的激发装置在很大程度上已经被"拆除"了。

后面这一特点在最近所谓"可抗辩"权利的发展中有所体现，这些"可抗辩"权利被认为是可以通过求助司法来获得的对最基本生存权利的保障。由于缺乏对公众的告知和对便利相关人提起诉讼的措施支持，法国于 2007 年 3 月 5 日通过的以落实可与公权机关抗辩的住房权利为原则的可抗辩住房权法（DALO 法）只是在极少情况下才会得到实施。此时，这项法律远未成为权利行使的协助者，而是变成了一个过滤器，它使相关人不得不再经过一道额外的官僚诉讼机制的过滤。2008 年 12 月 1 日，根据官方统计，在总计 60 万可在该法律机制下潜在获益的人中，只有 4 万人提出了申请，其中绝大多数还是在住房权协会组织的帮助下提出的。

因此，额外的可激活的权利尽管存在，但是它们不会自动成为各个行为体的资源。相反，法律法规的技术性和位阶性往往是社会借助法律实现真正民主化的最大障碍。法律法规的纷繁复杂和有助于权利行使的切实机制的缺失的结构加重了专家思维的分量，无论是在遵守法律规定方面（比如一家企业），还是在为某一抗争事业动用法律武器方面，而且这产生的成本也可能会使某些小型组织望而却步。

很多司法策略由于过于个体化而被视为缺乏正当性，或因介入巨额的经济补偿案例而遭受世人非议，它们甚至在其概念诞生之初就被根深蒂固的不平等的司法可及性所阻止了。在这一背景下，借助法律采取行动的可能性就要取决于特殊的情境或特别的行为体了。这些法律行动可以通过颠覆现有机制的途径进行，这要求现有机制受理相关问题并把这个问题公开化。比如，一些像若泽·博韦（José Bové）那样的反转基因产品斗士就是通过反复要求对自己进行审理而把法庭变成了宣讲坛。另一种可能的行动方式是尽力去利用各种形式的法律专业咨询，无论是公立机构提供的法律咨询还是由非政府组织或协会等独立组织以及积极参与的律师们提供的法律咨询。在几乎所有情况下，出于为某一事业的目的、政治目的或抗争目的去求助司法机构均需要有法律专业人士或者至少有法律专家为中介。但是另一方面的风险仍然存在，因为这些中介人士至少会在一定程度上领会他们所接手的斗争的意义和影响，从而有可能将对某一具体事业／案件的法律支持转变为对法律事业的建设做出贡献。

参考书目

Critique internationale, « L'enquête judiciaire face aux crises extrêmes », 36, juillet-septembre 2007.

Mouvements, « La société saisie par le droit », 29, septembre-octobre 2003.

Politix, « La cause du droit », 62, 2003.

Sociétés contemporaines, « Groupes d'intérêt et recours au droit », 52 (4), 2003.

ABEL (Richard L.), FELSTINER (William L. F.) et SARAT (Austin), « L'émergence et la transformation des litiges : réaliser, reprocher, réclamer... », *Politix*, 16 (4), 1991 [traduction de « The Emergence and Transformation of Disputes : Naming, Blaming, Claiming », *Law and Society Review*, 3-4 , 1980-1981].

BOLTANSKI (Luc), CLAVERIE (Élisabeth), OFFENSTADT (Nicolas) et VAN DAMME (Stéphane) (dir.), *Affaires, scandales et grandes causes. De Socrate à Pinochet*, Paris, Stock, 2007.

BOURDIEU (Pierre), « La force du droit. Éléments pour une sociologie du champ juridique », *Actes de la recherche en Sciences Sociales*, 64, septembre 1986.

CÉFAÏ (Daniel), *Pourquoi se mobilise-t-on ?*, Paris, La Découverte, 2008.

COMMAILLE (Jacques) et DUMOULIN (Laurence), « Heurts et malheurs de la légalité dans les sociétés contemporaines. Une sociologie politique de la "judiciarisation"», *L'Année sociologique*, 59 (1), 2009.

COMMAILLE (Jacques) et KALUSZYNSKI (Martine) (dir.), *La Fonction politique de la justice*, Paris, La Découverte, 2007.

CURAPP (collectif), *Les Usages sociaux du droit*, Paris, PUF-Curapp, 1989.

DEZALAY (Yves) et GARTH (Bryant), *La Mondialisation des guerres de palais*, Paris, Seuil, 2002.

GALANTER (Marc), « Why the "Haves" Come Out Ahead : Speculations on the Limits of Legal Change », *Law and Society Review*, 9 (1), 1974, p. 95-160.

FEELEY (Malcom), HALLIDAY (Terence) et KARPIK (Lucien) (eds), *Fighting for Political Freedom. Comparative Studies of Legal Complex and Political Change*, Oxford, Hart Publishing, 2008.

HALLIDAY (Terence) et KARPIK (Lucien) (eds), *Lawyers and the Rise of Western Political Liberalism*, Oxford, Clarendon Press, 1997.

HALTOM (William) et MCCANN (Michael), *Distorting the Law. Politics, Media and the Litigation Crisis*, Chicago (Ill.), The University of Chicago Press, 2004.

ISRAËL (Liora), *Robes noires, années sombres. Avocats et magistrats en résistance pendant la Seconde guerre mondiale*, Paris, Fayard, 2005.

ISRAËL (Liora) et SACRISTE (Guillaume), VAUCHEZ (Antoine) et WILLEMEZ (Laurent) (dir.), *Sur la portée sociale du droit. Usages et légitimité du registre juridique*, Paris, PUF-Curapp, 2005.

KARPIK (Lucien), *Les Avocats. Entre l'État, le public et le marché, XIIIᵉ-XXᵉ siècle*, Paris, Gallimard, coll. « Bibliothèque des sciences humaines », 1995.

LE BÉGUEC (Gilles), *La Républiques des avocats*, Paris, Armand Colin, coll. « L'histoire au présent », 2003.

LEFRANC (Sandrine), *Politiques du pardon*, Paris, PUF, coll. « Fondements de la politique », 2002.

MCCANN (Michael), *Rights at Work, Pay Equity Reform and the Politics of Legal Mobilization*, Chicago (Ill.), The University of Chicago Press, 1994.

ROSENBERG (Gerald), *The Hollow Hope : Can Courts Bring about Social Change ?* Chicago (Ill.), The University of Chicago Press, 1991.

SARAT (Austin) (ed.), *Blackwell Companion on Law and Society*, Cambridge, Blackwell, 2004.

Sarat (Austin) et Scheingold (Stuart A.) (eds), *Cause Lawyering : Political Commitments and Professional Responsibilities*, Oxford, Oxford University Press, 1998.

Sarat (Austin) et Scheingold (Stuart A.) (eds), *Cause Lawyering and the State in a Global Era*, Oxford, Oxford University Press, 2001.

Sarat (Austin) et Scheingold (Stuart A.) (eds), *The Worlds Cause Lawyers Make. Structure and Agency in Legal Practice*, Stanford (Calif.), Stanford University Press, 2005.

Sarat (Austin) et Scheingold (Stuart A.) (eds), *Cause Lawyering and Social Movements*, Stanford (Calif.), Stanford University Press, 2006.

Sarat (Austin) et Scheingold (Stuart A.) (eds), *The Cultural Lives of Cause Lawyers*, Cambridge, Cambridge University Press, 2008.

Scheingold (Stuart), *The Politics of Rights. Lawyers, Public Policy, and Political Change*, Ann Arbor (Mich.), University of Michigan Press, 2004 [1re éd.1974].

Thénault (Sylvie), *Une drôle de justice. Les magistrats dans la guerre d'Algérie*, Paris, La Découverte, 2001.

Tocqueville (Alexis de), *De la démocratie en Amérique*, Paris, Gallimard, coll. « Folio », 1986.

图书在版编目（CIP）数据

法律武器的运用/（法）伊斯雷尔著;钟震宇译. —北京:社会
科学文献出版社,2015.11
　（公民丛书）
　ISBN 978 - 7 - 5097 - 7832 - 6

　Ⅰ.①法… 　Ⅱ.①伊… ②钟… 　Ⅲ.①法律 - 通俗读物
Ⅳ.①D9 - 49

　中国版本图书馆 CIP 数据核字（2015）第 167123 号

·公民丛书·

法律武器的运用

著　　者／〔法〕利奥拉·伊斯雷尔（Liora Israël）
译　　者／钟震宇

出 版 人／谢寿光
项目统筹／祝得彬
责任编辑／仇　扬

出　　版／社会科学文献出版社·全球与地区问题出版中心（010）59367004
　　　　　　地址：北京市北三环中路甲 29 号院华龙大厦　邮编：100029
　　　　　　网址：www.ssap.com.cn
发　　行／市场营销中心（010）59367081　59367090
　　　　　　读者服务中心（010）59367028
印　　装／三河市东方印刷有限公司

规　　格／开 本：889mm × 1194mm　1/32
　　　　　　印 张：4.125　字 数：91 千字
版　　次／2015 年 11 月第 1 版　2015 年 11 月第 1 次印刷
书　　号／ISBN 978 - 7 - 5097 - 7832 - 6
著作权合同
登 记 号／图字 01 - 2013 - 5072 号
定　　价／49.00 元